Enseignement supérieur et équité
en Afrique subsaharienne

DIRECTIONS DU DÉVELOPPEMENT
Développement humain

Enseignement supérieur et équité en Afrique subsaharienne

Élargir l'opportunité au-delà de l'élite

Peter Darvas, Shang Gao, Yijun Shen et Bilal Bawany

© 2018 Banque internationale pour la reconstruction et le développement / Banque mondiale
1818 H Street NW, Washington, DC 20433
Téléphone : 202-473-1000 ; Site web : www.worldbank.org

Certains droits réservés

1 2 3 4   21 20 19 18

Le présent ouvrage a été réalisé par le personnel de la Banque mondiale avec des contributions externes. Les résultats, les interprétations et les conclusions qui y sont exposés ne reflètent pas nécessairement les points de vue de la Banque mondiale, de son Conseil des administrateurs ou des États qui y sont représentés. La Banque mondiale ne garantit pas l'exactitude des informations contenues dans cet ouvrage. Les frontières, couleurs, appellations et autres informations indiquées sur les cartes figurant dans cet ouvrage ne constituent pas un jugement de la part de la Banque mondiale quant au statut juridique d'un territoire ni une approbation ou acceptation de telles frontières.

Aucun des éléments du présent ouvrage ne constitue une limite ou une renonciation aux privilèges et immunités de la Banque mondiale, qui sont tous spécifiquement réservés.

Droits et autorisations

Le présent ouvrage peut être utilisé dans les conditions de la licence Creative Commons Attribution 3.0 IGO (CC BY 3.0 IGO) https://creativecommons.org/licenses/by/3.0/igo/. Au titre de la licence Creative Commons Attribution, il est possible de copier, distribuer, transmettre et adapter le contenu de l'ouvrage, y compris à des fins commerciales, sous réserve du respect des conditions suivantes :

Mention de la source — L'ouvrage doit être cité de la manière suivante : Darvas, Peter, Shang Gao, Yijun Shen et Bilal Bawany. 2017. *Enseignement supérieur et équité en Afrique subsaharienne : Élargir l'opportunité au-delà de l'élite*. Directions du développement. Washington, DC : Banque mondiale. doi:10.1596/978-1-4648-1266-8. Licence : Creative Commons Attribution CC BY 3.0 IGO

Traductions — Si une traduction de cet ouvrage est produite, il convient d'ajouter à la mention de la source l'avis de non-responsabilité suivant : *Cette traduction n'a pas été réalisée par la Banque mondiale et ne doit pas être considérée comme une traduction officielle de la Banque mondiale. La Banque mondiale ne saurait être tenue responsable du contenu de la traduction ou des erreurs qui peuvent y figurer.*

Adaptations — Si une adaptation de cet ouvrage est produite, il convient d'ajouter à la mention de la source l'avis de non-responsabilité suivant : *Ceci est une adaptation d'un ouvrage original de la Banque mondiale. Les opinions et avis exprimés dans l'adaptation n'engagent que l'auteur ou les auteurs et ne sont pas validés par la Banque mondiale.*

Contenu de tiers — La Banque mondiale n'a pas nécessairement la propriété de tous les éléments du contenu de l'ouvrage. De ce fait, la Banque mondiale ne garantit pas que l'utilisation d'éléments ou de parties appartenant à des tiers ne porte pas atteinte aux droits de ces tiers. Vous assumez entièrement le risque de plainte résultant d'une telle atteinte. Si vous souhaitez réutiliser un élément de l'ouvrage, il est de votre responsabilité de déterminer si une autorisation est requise pour cette réutilisation et d'obtenir l'autorisation du titulaire des droits d'auteur. Les tableaux, graphiques ou images, entre autres, sont des exemples d'éléments du contenu.

Toutes les questions relatives aux droits et aux autorisations doivent être transmises à l'adresse suivante : World Bank Publications, The World Bank Group, 1818 H Street NW, Washington, DC 20433, USA ; e-mail : pubrights@worldbank.org.

ISBN (papier) : 978-1-4648-1266-8
ISBN (numérique) : 978-1-4648-1267-5
DOI : 10.1596/978-1-4648-1266-8

Photo de couverture : © Albert González Farran/UNAMID. Utilisée avec l'autorisation d'UNAMID ; nouvelle autorisation requise pour réutilisation.
Conception de la couverture : Debra Naylor, Naylor Design, Inc.

La demande des données de catalogage avant publication auprès de la Library of Congress a été effectuée.

Table des matières

Préface .... *xi*
Remerciements .... *xiii*
Aperçu général .... *xv*
Abréviations .... *xxiii*

Chapitre 1	**Introduction**	1
	Équité en matière d'éducation	1
	Contexte et but	1
	Structure de cet ouvrage	7
	Définitions essentielles	8
	Références	10
Chapitre 2	**Offre et demande**	13
	Principaux points	13
	Croissance de l'offre	13
	Diversification de l'offre	14
	Demande et développement économique	18
	Structure économique et diversification	20
	Croissance de la scolarisation au niveau pré-tertiaire	24
	Note	26
	Références	26
Chapitre 3	**Tendances en matière d'équité**	29
	Principaux points	29
	Statut socioéconomique	29
	Genre	32
	Éducation des parents	34
	Facteurs géographiques et régionaux	35
	Étudiants en situation de handicap	36
	Références	37
Chapitre 4	**Équité des opportunités**	39
	Principaux points	39
	Inéquité dans les cycles d'enseignement pré-tertiaire	40

	Coûts de la poursuite d'études supérieures	44
	Coûts d'opportunité et manque à gagner	47
	Dépenses publiques	48
	Analyse de l'incidence des avantages	54
	Politiques d'admission dans le tertiaire	55
	Notes	57
	Références	57
Chapitre 5	**Équité des résultats**	**61**
	Principaux points	61
	Rendement privé de l'enseignement supérieur	62
	Rendement public de l'enseignement supérieur	66
	Rendement social de l'enseignement supérieur	66
	Mobilité sociale et enseignement supérieur	68
	Références	70
Chapitre 6	**Politiques publiques pour lutter contre les inégalités**	**73**
	Principaux points	73
	Évaluation des politiques pays et des institutions nationales	74
	Initiatives en matière de politique d'admission	77
	Programmes transitoires	77
	Aide financière	78
	Diversification	81
	Gestion budgétaire	83
	Financement innovant pour l'enseignement supérieur	84
	Références	84
Chapitre 7	**Études de cas approfondies de quelques pays**	**87**
	Introduction	87
	Cas du Ghana	87
	Cas de la Guinée	90
	Cas du Kenya	92
	Cas du Malawi	93
	Cas du Mozambique	94
	Cas du Niger	95
	Cas du Nigéria	96
	Cas du Sénégal	97
	Cas du Sierra Leone	98
	Cas de l'Ouganda	101
	Références	102
Annexe	**Liste des pays pour lesquels des données d'enquêtes auprès des ménages sont disponibles**	**105**

Encadré

5.1 Est-ce qu'un niveau d'instruction plus élevé est associé à un rendement privé plus élevé ? Cas de la République démocratique du Congo ... 63

Figures

2.1 Taux brut de scolarisation par région de 1970 à 2013 ... 14
2.2 Part des établissements privés dans les effectifs dans l'enseignement supérieur, 2000 et 2012 ... 15
2.3 Nombre d'étudiants de l'enseignement supérieur pour 100 000 habitants versus la part d'étudiants inscrits dans des établissements supérieurs privés, 2012 ... 16
2.4 Part de l'enseignement supérieur à cycle court dans le total de l'enseignement supérieur, 2012 ... 17
2.5 Effectifs dans l'enseignement supérieur à cycle court versus effectifs dans l'enseignement supérieur en général ... 18
2.6 Inscriptions dans l'enseignement supérieur pour 100 000 habitants et PIB par habitant (dollars courants), 2013 ... 19
2.7 Structure économique par emploi, dernière enquête auprès des ménages ... 20
2.8 Part d'emploi dans les secteurs de la fabrication et des services ... 22
2.9 TBS et part d'employés ayant fait des études supérieures dans le secteur public ... 23
2.10 TBS et taux de croissance dans le second cycle du secondaire, 2000 et 2012 ... 25
2.11 TBS au second cycle du secondaire et au tertiaire ... 26
3.1 Distribution des revenus ou de la consommation par quintile ... 30
3.2 TBS à l'enseignement supérieur par quintile de richesse dans la région d'Afrique subsaharienne ... 30
3.3 Taux brut de scolarisation au postsecondaire dans les pays d'Afrique ... 31
3.4 Taux brut de scolarisation, indice de parité entre les sexes et enseignement supérieur ... 33
3.5 Indice de parité en rapport au TBS dans l'enseignement supérieur dans quelques pays, 2000 et 2012 ... 34
3.6 TBS à l'enseignement supérieur selon le niveau d'instruction du chef de ménage ... 35
4.1 Nombre moyen d'années d'études de la population âgée de 15 à 64 ans, 20 % générant le plus de revenus contre les 80 % inférieurs générant le moins de revenus ... 41
4.2 Inéquité du niveau d'instruction, 1990–2010 ... 42
4.3 Indice d'inégalité de niveau d'instruction et effectifs dans l'enseignement supérieur pour 100 000 habitants dans quelques pays d'Afrique subsaharienne ... 43

4.4	Distribution des étudiants selon le niveau de richesse de leur famille du préscolaire à l'enseignement supérieur	43
4.5	Dépenses d'éducation en tant que pourcentage des dépenses non-alimentaires des ménages	46
4.6	Éducation et revenu privé	48
4.7	Part des dépenses publiques par cycle d'enseignement	49
4.8	Dépenses publiques par étudiant du tertiaire par rapport aux coûts d'enseignement d'un élève au primaire, ASS et pays ayant un profil similaire	50
4.9	Ratio dépenses publiques courantes par étudiant du tertiaire-dépenses publiques courantes par élève du primaire, ASS versus pays autres que d'ASS	51
4.10	Dépenses récurrentes en tant que pourcentage des dépenses totales dans les institutions tertiaires publiques	52
4.11	Salaires totaux en tant que pourcentage des dépenses totales dans les institutions tertiaires publiques, échantillon de pays de l'ASS	52
4.12	Rapport de mobilité vers les pays étrangers, 2013	53
4.13	Courbes de Lorenz pour l'incidence des dépenses publiques dans l'enseignement supérieur au Ghana, au Mali, au Rwanda, en Tanzanie et en Ouganda	55
B5.1.1	Résumé du rendement de l'éducation	65
B5.1.2	Rendement de l'éducation par province	65
5.1	Classification des avantages de l'éducation sur le marché de l'emploi et au-delà du marché de l'emploi	67
5.2	Différences de gains selon le niveau d'instruction et le groupe de revenus	69
5.3	Différences de gains dans les 40 % inférieurs selon le niveau d'instruction	70
6.1	Équité de l'utilisation des ressources publiques et inscriptions au tertiaire pour 100 000 habitants	75
6.2	Évaluation des politiques et des institutions nationales en matière d'égalité des sexes et inscriptions au tertiaire pour 100 000 habitants	76
7.1	Incidence des avantages aux différents cycles de l'enseignement	89
7.2	Dépenses moyennes en éducation du ménage selon le quintile de revenus	89

Tableaux

4.1	Distribution des étudiants selon le niveau de richesse de leur famille, du préscolaire à l'enseignement supérieur	44
4.2	Coefficients de Gini pour l'éducation au Ghana, au Mali, en Tanzanie et au Malawi	55
5.1	Rendement moyen des études par cycle d'enseignement et sexe	62

B5.1.1	Statistiques sur le nombre d'années d'études moyen en République démocratique du Congo	63
B5.1.2	Coût d'opportunité estimatif selon le cycle de l'enseignement	64
6.1	Programmes de prêts étudiants en Afrique subsaharienne	79
7.1	Indicateurs de l'enseignement supérieur dans quelques pays d'ASS	88
7.2	Niveaux de revenu (FCFA horaire) en fonction du niveau d'instruction et de la catégorie professionnelle	96

Préface

En 2016, la croissance économique de l'Afrique subsaharienne (ASS) a atteint son rythme le plus lent au cours des deux dernières décennies à cause d'une baisse du cours des produits de base. Cette baisse a en effet affecté de nombreuses économies de la région qui dépendent fortement des activités minières et de la production de produits de base. Dans ce contexte de croissance lente, il est encore plus important pour les pays d'ASS de diversifier leurs économies, d'améliorer la productivité, de développer les chaînes de valeurs pour l'agriculture et d'améliorer aussi bien les marchés intérieurs que d'exportation. Le savoir étant le moteur de la productivité et de la croissance économique, ces objectifs exigent de développer le capital humain à travers des systèmes d'éducation et de formation plus accessibles, plus équitables et de meilleure qualité. En supposant que les pays d'ASS parviennent à donner accès à l'éducation à la population croissante des jeunes, à développer leurs compétences cognitives, socioémotionnelles et techniques et à créer un environnement propice à des entreprises créatrices d'emploi, le défi démographique posé par la croissance rapide de cette population sera porteur de ce capital. Les pays d'ASS s'intéressent de plus en plus à l'enseignement, en particulier l'enseignement supérieur, pour inculquer ce savoir.

À cause du déséquilibre entre la demande grandissante et l'offre limitée dans la région d'ASS, l'enseignement supérieur ne bénéficie qu'à un sous-ensemble de la population jeune. Ainsi que le fait ressortir le rapport régional à paraître de la Banque mondiale intitulé *The Skills Balancing Act in Sub-Saharan Africa : Investing in Skills for Productivity, Inclusion, and Adaptability*[1] : « L'expérience internationale suggère que si l'enseignement universitaire privilégie l'élite à ses débuts, à mesure qu'il s'élargit, il devient plus équitable, sauf dans de rares cas caractérisés par l'absence de politique spécifique allant dans ce sens ». En effet, en ASS, le processus de sélection continue de perpétuer les inégalités et les disparités sociales, notamment en rapport au sexe, au milieu de résidence et à l'appartenance ethnique. A ce jour, l'enseignement supérieur dans la région d'ASS est resté élitiste, bénéficiant essentiellement aux étudiants issus des familles les plus aisées et ayant les bonnes relations. Combiné au phénomène de « fuite de cerveaux » qui voit les diplômés de l'enseignement tertiaire talentueux quitter la région d'ASS après avoir achevé leurs études, l'enseignement tertiaire dans la région ne produit pas de façon équitable le capital humain dont les pays ont cruellement besoin.

En 2000, la *Task Force* enseignement supérieur et société mise sur pied par l'UNESCO et la Banque mondiale a exposé les nouvelles réalités de l'enseignement supérieur, l'intérêt public qu'il présente et l'agenda systémique ainsi que les défis y afférents dans un rapport phare intitulé *Higher Education in Developing Countries : Peril and Promise*[2]. Deux décennies plus tard, les systèmes d'enseignement tertiaire voient de nouvelles perspectives mondiales s'ouvrir à eux, autant qu'ils se heurtent à des défis persistants. Entretemps, la croissance démographique, la transition démographique, les dividendes de la paix et la transition économique sans précédents ont fait monter les enjeux pour l'ASS. Il est donc important de bien comprendre comment les systèmes d'enseignement supérieur dans la région d'ASS peuvent jouer leur rôle de moteur de la croissance économique en élargissant leur couverture à un éventail plus large d'étudiants, d'évaluer si un tel élargissement mènera effectivement à un résultat équitable et de déterminer le rôle des décideurs politiques dans le processus. L'ouvrage *Élargir la promesse de l'enseignement supérieur au-delà du petit nombre en Afrique subsaharienne* traite de ces préoccupations et jette un éclairage sur la contribution que l'enseignement tertiaire dans la région pourrait apporter pour rendre les sociétés plus équitables.

Jaime Saavedra Chanduvi
Directeur principal
Pratique mondiale Éducation
Groupe de la Banque mondiale

Notes

1. À paraître en 2018.
2. Disponible sur http://documents.worldbank.org/curated/en/345111467989458740/pdf/multi-page.pdf.

Remerciements

Les auteurs remercient Jaime Saavedra Chanduvi, Amit Dar et Luis Benveniste (Directeurs) et Peter Nicolas Materu, Meskerem Mulatu et Halil Dundar (Responsables) de la Pratique mondiale Éducation du Groupe de la Banque mondiale pour leur leadership général et leurs conseils en matière de gestion. Les auteurs remercient également Andreas Blom, Emanuela Di Gropello, Francisco Marmolejo et Michael Crawford pour leurs critiques et leurs conseils techniques.

Les équipes qui ont travaillé sur la recherche antérieure et sur cet ouvrage ont reçu un appui important, des contributions sur l'analyse du contexte et des conseils de la part de nombreux collègues, y compris Atou Seck, Dave Evans, Futoshi Yamauchi, Halsey Rogers, Hiroshi Saeki, Jamil Salmi, Kebede Feda, Omar Arias, Pierre Kamano, Mariam Nusrat Adil et Sonali Ballal. Jonathan Faull, Aziz Gökdemir et Rumit Pancholi ont appuyé la rédaction et l'édition. Janet Adebo a fourni un appui administratif d'une valeur inestimable tout le long du processus.

Aperçu général

Demande pour l'enseignement supérieur

Dans notre environnement de plus en plus mondialisé, caractérisé par la place grandissante de l'économie du savoir, il est impératif pour les pays de se définir et de se construire un avantage comparatif dans les secteurs économiques, qui ont un potentiel prouvé pour générer une croissance durable et créatrice d'emplois. Parallèlement, les pays doivent innover et produire de nouvelles technologies, qui auront un effet catalytique sur leur avantage comparatif, et doivent adapter les technologies en réponse aux défis qui se posent à eux. L'enseignement supérieur en Afrique subsaharienne (ASS) a un rôle essentiel à jouer en appui à ces résultats : il doit notamment inculquer des compétences professionnelles en cohérence à la demande de l'économie ; promouvoir des compétences en complément du développement de l'avantage compétitif ; et être le creuset de l'apprentissage, de l'innovation, de la production et de l'adaptation des technologies.

Dans un passé récent, les systèmes d'enseignement tertiaires en ASS ont connu une importante expansion. En 1970, il y avait moins de 400 000 étudiants de l'enseignement supérieur dans la région alors qu'en 2013, les effectifs bruts dans l'enseignement supérieur dans les pays d'Afrique subsaharienne se chiffraient à environ 7,2 millions. Au cours de la même période, le taux brut de scolarisation (TBS) à l'enseignement tertiaire a progressé à un rythme annuel moyen de 4,3 % contre une moyenne mondiale de 2,8 %.

Du côté de l'offre, les universités publiques ont considérablement accru leur capacité à répondre à la hausse des effectifs. Cependant, l'amélioration de l'offre d'enseignement supérieur résulte également de la diversification des fournisseurs et de l'expansion spectaculaire récente de l'offre privée d'enseignement supérieur. Dans un marché qui exige de plus en plus des diplômés facilement employables, les programmes d'enseignement à cycle court se sont multipliés, contribuant à améliorer l'offre d'une main-d'œuvre à formation professionnelle dans les économies de la région.

Tout au long de la dernière décennie, la majorité des pays d'Afrique subsaharienne ont connu une croissance économique forte et soutenue, accompagnée d'une demande croissante du secteur privé pour un capital humain plus sophistiqué et une main-d'œuvre qualifiée. En 2014, quatre des dix économies présentant les plus fortes croissances au monde se trouvaient dans la région de l'Afrique subsaharienne. La croissance a été soutenue par une plus grande stabilité macroéconomique, par la mise en œuvre de réformes visant à corriger les défaillances du marché et à améliorer l'efficience du marché, par la réduction des barrières commerciales et surtout par l'essor de la demande de produits de base. Dans l'immédiat, un ralentissement de l'économie chinoise, la baisse de la demande mondiale pour les produits de base, les goulots d'étranglement résultant des carences en infrastructures et en approvisionnement en électricité et la faible diversification des sources de croissance économique font que les projections de croissance sont revues à la baisse à court terme. En dépit de ces défis, la croissance annuelle des économies de l'Afrique subsaharienne devrait augmenter pour atteindre 3,4 % en 2015, et la Banque mondiale prévoit qu'elle atteindra 4,2 % en 2016 et 4,7 % en 2017.

Comme il est devenu impératif de diversifier davantage les économies et d'améliorer la technologie et la compétitivité dans les secteurs de la fabrication et des services, la demande pour des travailleurs ayant des qualifications postprimaires et les compétences requises continuera de croître. Par ailleurs, l'amélioration des taux bruts de scolarisation au primaire et au secondaire, suite aux interventions des gouvernements de la région en vue d'atteindre les Objectifs du millénaire pour le développement dans le domaine de l'éducation, fait que le nombre d'étudiants demandant à accéder à l'enseignement supérieur a augmenté. Les projets de l'Organisation de coopération et de développement économiques, qui ont permis d'améliorer la scolarisation au primaire feront que 59 % des adultes âgés de 20 à 24 ans dans la région – soit 137 millions de personnes – obtiendront un diplôme d'enseignement secondaire d'ici 2030 contre seulement 42 % aujourd'hui (BAD et autres 2012).

Malgré une expansion spectaculaire du secteur de l'enseignement supérieur en Afrique subsaharienne, l'offre n'a généralement pas suivi le rythme de la demande et la région continue d'être à la traîne par rapport à toutes les autres régions en termes d'accès à l'éducation tertiaire. Cette situation est due en partie à des tendances profondément enracinées d'inéquité dans l'accès à l'enseignement supérieur et de la perpétuation de ce que les chercheurs appellent un « système d'élites ».

Les projections de l'effectif de la population active de l'Afrique subsaharienne, qui montrent qu'elle devrait pratiquement doubler et atteindre 1 milliard d'ici 2040 soulignent l'ampleur du défi démographique qui attend, et mettent très clairement en évidence la nécessité d'élargir l'accès à un enseignement supérieur de qualité. En l'absence de politiques efficaces pour donner aux travailleurs les compétences dont ils ont besoin pour entrer dans la compétition sur le marché du travail, l'émergence d'une vague grandissante de jeunes en sous-emploi ou au chômage pourrait saper la cohésion sociale et alimenter l'instabilité politique. D'autre part, si le système éducatif en général et les établissements d'enseignement supérieur en particulier pouvaient doter un groupe grandissant de travailleurs de compétences et de connaissances, qui permettraient d'améliorer leurs moyens de subsistance, de stimuler la croissance économique créatrice d'emplois et d'améliorer la compétitivité économique et la productivité, les pays d'Afrique subsaharienne devraient pouvoir récolter un « dividende démographique » considérable.

Pour pouvoir atteindre ces objectifs, il faut que les portes de l'enseignement supérieur soient ouvertes à tous les étudiants méritants, quel que soit leur statut socioéconomique, leur sexe ou leur région d'origine. Les systèmes d'enseignement supérieur, lorsqu'ils sont équitables, peuvent transformer fondamentalement les sociétés en permettant aux groupes traditionnellement sous-représentés de participer plus efficacement à la prise de décision socioéconomique. Une répartition équitable de l'enseignement supérieur au sein d'une population entraîne ainsi une répartition plus équitable des ressources et de la richesse. À ce jour, l'accès à l'enseignement supérieur en Afrique subsaharienne a indûment profité aux étudiants issus des ménages les plus aisés, et les effectifs dans leur ensemble restent disproportionnellement masculins et métropolitains. Ces facteurs étouffent le potentiel catalytique de l'enseignement supérieur, érodant le potentiel qu'il a de stimuler la croissance économique et de soutenir la réduction de la pauvreté. Les tendances en matière d'accès à l'enseignement supérieur en Afrique subsaharienne ont généralement renforcé et reproduit l'inégalité sociale plutôt que d'en atténuer les effets sociaux et économiques pernicieux.

Objectifs

Cet ouvrage cherche à donner une meilleure compréhension de la question de l'équité dans les inscriptions au niveau tertiaire dans les pays d'Afrique subsaharienne et examine dans quelle mesure l'inéquité constitue un goulot d'étranglement, empêchant les universités africaines de stimuler des améliorations dans la qualité de vie générale et dans la compétitivité économique. Dans notre étude des données factuelles, nous cherchons également à cerner les politiques les plus efficaces pour la promotion de l'équité dans l'accès aux systèmes d'enseignement supérieur en Afrique subsaharienne. Pour ce faire, nous avons, à travers cet ouvrage, recueilli, généré et analysé des données empiriques sur les tendances en matière d'inéquité ; nous avons examiné les causes sous-jacentes et évalué les politiques publiques en réponse à l'inéquité.

Dans cette perspective, le livre analyse les rendements de l'enseignement supérieur en Afrique subsaharienne à la fois pour les personnes et la société, sur le marché du travail et hors marché du travail, et se concentre sur trois types de rendements de l'éducation : privé, public et social. Les taux de rendement *privés* de l'éducation sont mesurés en comparant l'augmentation du revenu d'une personne grâce à l'achèvement d'une année supplémentaire de scolarité ou d'un niveau supplémentaire dans l'éducation aux coûts supplémentaires résultant de la poursuite des études. Une étude récente et sans précédent de la Banque mondiale (Monténégro et Patrinos 2014) sur les rendements de l'éducation dans 144 économies étaie l'affirmation selon laquelle les rendements privés pour les diplômés de l'enseignement supérieur en ASS sont plus importants que ceux observés dans les autres régions, et que ces rendements dépassent de très loin les rendements obtenus à des niveaux d'instruction inférieurs.

En plus d'analyser les rendements privés de l'éducation en Afrique subsaharienne, cet ouvrage mesure les taux de rendement *publics* qui sont calculés en prenant en compte les coûts et les avantages publics liés à l'offre d'éducation. Les coûts publics sont ceux soutenus par la société dans son ensemble et comprennent les dépenses publiques, les frais d'études des étudiants et le coût d'opportunité. Les avantages sont basés sur les gains avant impôts au lieu des gains après impôts. Ainsi, cet ouvrage se réfère aux rendements publics de l'éducation de manière comparative pour mesurer et évaluer l'efficience des dépenses publiques en matière d'éducation.

Les rendements privés sont mesurés en comparant les gains des personnes titulaires d'une qualification de l'enseignement supérieur aux gains de ceux qui n'en ont pas. La différence entre les rendements publics et privés tient au fait que les coûts soutenus par l'ensemble de la société sont pris en compte dans le calcul des rendements publics. Les rendements publics sont plus faibles que les rendements privés en raison de l'inclusion de ces coûts. Le calcul des rendements *sociaux* est à la fois plus complexe et plus difficile. Une formation supérieure contribue à une meilleure santé, à une meilleure éducation des enfants et à une meilleure efficience du consommateur au niveau individuel. Au niveau sociétal, l'amélioration de l'accès à l'enseignement supérieur peut accroitre les recettes fiscales et la croissance économique par le biais d'externalités relatives à la productivité, telles que la création de connaissances, la recherche et le développement, l'amélioration de la santé publique, la baisse des taux de criminalité et le renforcement de la cohésion sociale.

Afin de pouvoir cerner les interventions efficaces et les interventions sous-optimales dans la promotion de l'équité dans les systèmes d'enseignement supérieur, l'ouvrage présente une analyse des tendances en matière d'équité dans l'enseignement supérieur en Afrique subsaharienne, complétée par dix études de cas nationaux.

Principaux constats

Une analyse de l'offre et de la demande de l'enseignement supérieur en ASS montre que, nonobstant l'importante augmentation des inscriptions au tertiaire dans la région, la croissance de la demande pour l'enseignement supérieur a largement dépassé l'offre.

L'ouvrage montre que, malgré une croissance rapide des effectifs dans l'enseignement supérieur et, dans certains cas, un meilleur accès des étudiants issus de groupes traditionnellement défavorisés, l'enseignement supérieur en ASS continue de perpétuer et de refléter d'importantes inégalités sociales. La richesse du ménage reste le facteur le plus décisif dans les chances d'un étudiant d'accéder à l'enseignement supérieur. Bien que la situation en matière de parité se soit améliorée, l'héritage du patriarcat continue de miner la participation des étudiantes africaines en toute équité, et les tendances en matière de choix des filières sont clairement différenciées entre les sexes, comme le montrent les données sur les effectifs. Les enfants issus d'une famille dont le chef est titulaire d'un diplôme d'études secondaires sont beaucoup plus susceptibles de s'inscrire dans l'enseignement tertiaire que ceux qui, par leur naissance, appartiennent à des ménages dont le chef n'a pas d'instruction. De plus, les inégalités régionales, renforcées par des schémas spatiaux de développement économique, qui font que l'offre d'enseignement supérieur est concentrée dans les zones urbaines, sapent la participation des étudiants des zones rurales et des communautés économiquement marginales.

Les disparités en matière d'accès à l'enseignement supérieur que cet ouvrage examine sont myriades et complexes. La majorité des étudiants qui entrent dans les niveaux d'enseignement pré-tertiaire en Afrique subsaharienne quittent le système éducatif avant d'avoir acquis les qualifications nécessaires, qui éclaireraient leur choix de s'inscrire dans l'enseignement supérieur. Les enfants des ménages relativement pauvres, ainsi que les enfants des zones rurales, sont moins susceptibles de bénéficier des programmes de développement de la petite enfance et sont moins susceptibles de s'inscrire à l'école primaire dans les délais prescrits. Ces facteurs ont un impact négatif sur les chances qu'un enfant reste à l'école et contribuent à un taux d'abandon comparativement élevé chez les populations concernées.

Les effets pernicieux du statut socioéconomique sont à l'avantage des enfants des riches et de ceux ayant les bonnes relations politiques. Ces enfants bénéficient de manière disproportionnée et, dans une perspective d'équité, de manière régressive des systèmes d'enseignement supérieur gratuits et fortement subventionnés parce qu'ils ont un meilleur accès à de bonnes écoles qui vont leur donner les compétences pour aller plus loin dans leurs études, à des modèles en matière d'études et à d'autres formes de capital culturel. Les enfants des ménages relativement pauvres sont moins susceptibles d'avoir accès aux informations sur les procédures d'admission et les mérites relatifs aux différents programmes d'études, ainsi qu'à des informations précises sur les rendements des différents types de formation supérieure sur le marché du travail.

Les coûts directs et indirects, tels que les coûts d'opportunité de la poursuite d'études supérieures, affectent davantage l'équité d'accès et sont à l'avantage des étudiants issus de ménages relativement aisés. Si le ménage doit couvrir les frais d'études et les dépenses de subsistance d'un enfant pour que celui-ci puisse continuer ses études, l'impact de la charge résultante est nettement plus lourd pour un ménage pauvre que pour un ménage aisé. De plus, les coûts d'opportunité associés à l'éducation pèsent plus lourdement sur les familles à faible revenu parce qu'elles doivent renoncer au revenu des membres du ménage, qui effectuent des études et parce que les rendements du marché du travail pour les diplômés de l'enseignement supérieur sont perçus comme faibles dans de nombreuses économies de la région.

Un autre facteur qui mine l'équité de l'accès à l'éducation en Afrique subsaharienne est le fait que, dans de nombreux cas, le financement public de l'enseignement supérieur perpétue l'injustice dans la mesure où il soutient les élites, qui proviennent de façon disproportionnée de ménages urbains et aisés. Ceci est particulièrement flagrant dans les systèmes où l'argent public est utilisé pour soutenir des étudiants qui étudient à l'étranger, dont un bon nombre sinon la plupart ne retourneront pas au pays. Enfin, les différences de politiques d'admission entre pays francophones et pays anglophones expliquent en partie les différences observées dans les résultats en matière d'équité.

L'ouvrage montre qu'un niveau d'instruction plus élevé est associé à une augmentation du revenu, les augmentations étant progressivement plus fortes pour ceux qui terminent le second cycle du secondaire et des études postsecondaires. Dans de nombreux pays, la prime de revenus pour les sortants du second cycle du secondaire est élevée, cette catégorie gagnant entre 100 et 150 % de plus que les personnes sans instruction. Si les rendements des études sont les plus élevés au niveau tertiaire, la différence entre les rendements privés et publics est beaucoup plus élevée en Afrique subsaharienne en raison de l'ampleur des coûts publics. Un avantage que l'enseignement supérieur peut apporter tient de son impact élevé sur la mobilité sociale : l'analyse indique que les rendements des études supérieures sont les plus élevés pour les 40 % les plus pauvres au sein de la population.

Si l'on veut élargir le partage de coût avec les institutions d'enseignement supérieur, il faut mettre en place des politiques d'aide financière plus efficaces afin de garantir un meilleur accès pour les étudiants défavorisés. Les gouvernements ont de plus en plus recours aux prêts étudiants pour réduire les coûts financiers de l'aide, mais ce ne sont pas tous les prêts étudiants qui sont assortis d'une vérification des moyens. Dans beaucoup de cas où la vérification des moyens est utilisée pour éclairer les décisions de prêt, les mécanismes appliqués n'établissent pas avec précision la richesse réelle de la famille des demandeurs. Les pays africains ont généralement un mauvais bilan en matière d'évaluation et de recouvrement des prêts étudiants. Le faible taux de recouvrement de prêts, conjugué à la faiblesse des taux d'intérêt, font que la quasi-totalité des programmes de prêts étudiants ont besoin d'un certain niveau de subventionnement public, ce qui compromet la viabilité de ces programmes.

Le développement des universités privées donne plus de chances aux étudiants issus de milieux défavorisés d'accéder à l'enseignement supérieur. Cependant, il faudrait une réglementation forte pour répondre aux préoccupations sur la qualité de la formation offerte par les universités privées. Les coûts unitaires d'éducation dans le secteur privé sont souvent beaucoup plus faibles que dans le secteur public et, par conséquent, il est à l'avantage des gouvernements d'encourager les étudiants à poursuivre une formation dans le secteur privé, même si cela nécessite un appui à partir des fonds publics.

La dernière partie de cet ouvrage présente de manière détaillée dix études de cas nationaux, montrant comment différentes politiques de l'enseignement supérieur influencent les résultats et les tendances en matière d'équité ou d'inéquité. Le choix des pays pour les études de cas a été basé sur la disponibilité de données, y compris les analyses approfondies du financement de l'enseignement supérieur publiées par la Banque mondiale.

Sources de données

Les analyses présentées dans cet ouvrage se fondent sur des données tirées principalement d'enquêtes auprès des ménages, y compris l'Étude de mesure des niveaux de vie (EMNV) et les Enquêtes démographiques et de santé (EDS) réalisées par la Banque mondiale ou chacun des pays. Une liste complète des enquêtes auprès des ménages disponibles est donnée en annexe.

Les autres sources et bases de données utilisées pour éclairer l'analyse dans cet ouvrage sont les suivantes :

- *Cisco Certified Internetwork Expert certification (CCIE)* : Certification d'expert inter-réseau certifié Cisco (interrompue par COSCO).
- *Institute of International Education (IIE)* : données sur les étudiants internationaux aux États-Unis, http://www.iie.org.
- *Union internationale des télécommunications* : indicateurs sur les télécommunications/ technologies de l'information et de la communication, http://www.itu.int/en/ITU-D/Statistics/Pages/default.aspx.
- *Base de données de l'Institut des statistiques de l'Organisation des Nations Unies pour l'éducation, la science et la culture (UNESCO)* : divers indicateurs sur l'éducation ; la science, la technologie et l'innovation ; la culture ; indices sur la communication et l'information, indices démographiques et socioéconomiques ; et mobilité mondiale des étudiants internationaux, http://data.uis.unesco.org.
- *Bases de données de la Banque mondiale* : Évaluation des politiques et des institutions nationales (CPIA), http://data.worldbank.org/data-catalog/CPIA ; Statistiques de l'éducation (EdStats), http://datatopics.worldbank.org/education/; et Indicateurs du développement dans le monde (WDI), http://data.worldbank.org/data-catalog/world-development-indicators.
- *Organisation mondiale de la propriété intellectuelle* : Indicateurs de propriété intellectuelle, http://www.wipo.int/portal/en/index.html.

Références

AfDB, OECD, UNDP, and UNECA (African Development Bank, Organisation for Economic Co-operation and Development, United Nations Development Programme, and United Nations Economic Commission for Africa). 2012. *African Economic Outlook: Promoting Youth Employment*. Paris: OECD Publishing.

Montenegro, C. E., and H. A. Patrinos. 2014. "Comparable Estimates of Returns to Schooling around the World." Policy Research Working Paper 7020, World Bank, Washington, DC.

World Bank. 2011. Rwanda—Education Country Status Report: Toward Quality Enhancement and Achievement of Universal Nine-Year Basic Education—An Education System in Transition. Washington, DC: World Bank.

Abréviations

APD	Aide publique au développement
ASS	Afrique subsaharienne
BAD	Banque africaine de développement
BAsD	Banque asiatique de développement
BPPB	Budgétisation basée sur la performance et le programme
CCIE	Certification d'expert inter-réseau certifié Cisco
CPIA	Évaluation des politiques et institutions nationales
DAD	Dernière année disponible
DSRP	Document de stratégie de réduction de la pauvreté
EDS	Enquêtes démographiques et de santé
EES	Établissement d'enseignement supérieur
EFTP	Enseignement et formation techniques et professionnels
ENMV	Étude de mesure du niveau de vie
FMI	Fonds monétaire international
GFP	Gestion des finances publiques
HEST	Stratégie de l'enseignement supérieur, de la science et de la technologie
IDA	Association internationale de développement
IIE	Institut de l'éducation internationale
ISU	Institut de statistique de l'Organisation des Nations Unies pour l'éducation, la science et la culture
KCPE	Certificat d'enseignement primaire du Kenya
KIST	Institut des sciences, technologie et de la gestion de Kigali (Rwanda)
KNUST	Université des sciences et technologies de Kwame Nkrumah
LES	Écoles les moins bien dotées
NSFAS	Système national d'aide financière aux étudiants
NUC	Commission nationale des universités
OCDE	Organisation de coopération et de développement économiques
OMD	Objectif du millénaire pour le développement

PES	Système d'entrée privé
PIB	Produit intérieur brut
REE	Ratio élève-enseignant PTR
RPH	Recensement de la population et de l'habitat
SARUA	Association régionale des universités d'Afrique australe
SLTF	Fonds pour les prêts étudiants
STIM	Science, technologie, ingénierie et mathématiques
TBS	Taux brut de scolarisation
UIT	Union internationale des télécommunications
UNESCO	Organisation des Nations Unies pour l'éducation, la science et la culture
WASSCE	Examen pour l'obtention du certificat d'études secondaires en Afrique de l'Ouest

CHAPITRE 1

Introduction

Équité en matière d'éducation

Il existe un important corpus de recherche, qui mesure l'inégalité du degré d'instruction à tous les niveaux de l'enseignement. Clancy et Goastellec (2007), Ogawa et Iimura (2010) et Koucky, Bartusek et Kovarovic (2010) – quelques auteurs parmi d'autres qui se sont penchés sur la question de l'équité dans l'enseignement supérieur – affirment qu'une analyse comparative des définitions données à l'accès et à l'équité et des politiques fondées sur ces définitions permet de faire ressortir les différences et les points communs entre les pays. Cependant, les études comparatives de l'inéquité entre pays en rapport à l'accès à l'enseignement supérieur et aux niveaux d'instruction atteints dans l'enseignement supérieur sont rares, avec seulement quelques études notables, telles que celles de Thomas, Wang et Fan (2001), Zhang et Li (2002), Barros et al. (2009), et Koucky, Bartusek et Kovarovic (2010). La recherche sur cette question est encore plus difficile à trouver quand il s'agit de l'Afrique subsaharienne. Parmi les travaux d'analyse concernant la problématique des systèmes d'enseignement supérieur en Afrique subsaharienne, on pourrait relever à titre d'exemples les rapports de la Banque mondiale *Accelerating Catch-Up* (Banque mondiale 2009) et *Financing Higher Education in Africa* (Experton et Fevre 2010) ; la recherche sur l'enseignement supérieur privé menée par Varghese (2004) ; et l'étude réalisée par Bloom, Canning et Chan (2006) sur l'enseignement supérieur et le développement économique. Cet ouvrage cherche à combler certaines lacunes de connaissance sur la question de l'accès et de l'équité dans l'enseignement supérieur en Afrique subsaharienne par la collecte, la production et l'analyse de données empiriques sur ces indicateurs et, partant de cette analyse, veut mettre en avant des points d'entrée essentiels pour une politique en faveur de l'équité.

Contexte et but

Quel est le public visé par cette recherche ? L'ouvrage vise à informer trois groupes d'acteurs définis au sens large : les décideurs politiques, les analystes qui éclairent la formulation de politiques au sein des gouvernements et la communauté des chercheurs et des parties prenantes, qui sont directement touchés par les changements de politique (étudiants et leurs familles, personnel de l'enseignement supérieur, professionnels et anciens des universités et direction des établissements d'enseignement supérieur). Les parties prenantes, dans ce contexte, sont délibérément définies de manière très large, rassemblant tous ceux qui peuvent être affectés indirectement par des changements de politique. Ces effets indirects peuvent relever des contributions du contribuable, des effets de la relation du secteur de l'enseignement supérieur avec le système éducatif dans son ensemble et de son impact sur celui-ci, du marché du travail et des tendances sociales, démographiques et économiques (y compris l'inclusion sociale, la réduction de la pauvreté, les migrations, les résultats en matière de santé, l'emploi, la productivité et la croissance du secteur privé).

Les systèmes d'enseignement supérieur sont-ils par définition inéquitables ? Dans quelle mesure l'inéquité dans l'enseignement supérieur est-elle inévitable ? Combien de temps faut-il pour que ces systèmes parviennent à une échelle où les effets inéquitables deviennent moins évidents ? Est-il important d'identifier des tendances spécifiques en ce qui concerne les sources d'inéquité et les impacts de l'inéquité ? Existe-t-il des interventions à court ou à moyen terme qui permettent de lutter efficacement contre l'inéquité ? Les données factuelles présentées dans cet ouvrage, bien qu'elles donnent une perspective substantielle et approfondie sur chacune de ces questions, n'aboutissent qu'à des constats mitigés et ne permettent pas de tirer des conclusions qui seraient largement applicables. En d'autres termes, la réponse à ces questions n'est malheureusement pas simple.

Par exemple, il est inévitable dans une certaine mesure que des systèmes de formation d'élites reproduisent certaines formes d'inéquité. Cependant, la situation est plus nuancée dans les pays et les régions où, par une expansion et une diversification continues, les systèmes d'enseignement supérieur ont été transformés. Ce fait indiquerait que certaines formes d'inéquité ne peuvent être résolues qu'à long terme, à l'aide de politiques et d'interventions volontaires et cohérentes. De telles politiques ne peuvent se limiter au côté de l'offre, mais doivent également comprendre des actions et des stratégies visant à influencer les résultats sociaux et économiques et les résultats en matière d'emploi, l'accent étant mis de manière stratégique sur le développement du secteur privé et la création d'emplois. La confluence de ces secteurs et de ces forces influe sur la nature et l'ampleur des avantages, sur les rendements potentiels et sur la mobilité des personnes, qui doivent choisir entre études supérieures et entrée immédiate sur le marché du travail.

En quoi la recherche de l'équité dans l'enseignement supérieur diffère-t-elle de la poursuite de l'équité dans l'éducation en général ? De nombreuses études montrent que les systèmes éducatifs caractérisés par une plus grande équité reproduisent et renforcent des tendances plus larges d'équité sociale et économique et d'inclusion sociale. D'autres études (sur lesquelles nous reviendrons) suggèrent que les inéquités dans les systèmes d'enseignement pré-tertiaire influent fortement sur les tendances d'inéquité au niveau supérieur.

Les particularités de l'inéquité au niveau tertiaire tiennent par ailleurs de l'augmentation des coûts directs et des coûts d'opportunité que l'on observe à ce niveau. Les personnes, les familles et les communautés doivent prendre en compte ces coûts dans leurs décisions d'accéder à l'enseignement supérieur. Cependant, en parallèle, une formation supérieure entraîne une amélioration de l'employabilité, une plus grande mobilité économique et des revenus plus élevés. En d'autres termes, les risques et les opportunités associés à l'enseignement supérieur sont beaucoup plus importants que ceux que l'on observe dans les cycles inférieurs, en particulier pour les étudiants issus de milieux relativement pauvres ou mal desservis.

Au vu de l'abondance des travaux déjà entrepris sur l'équité dans l'enseignement supérieur, pourquoi avons-nous cherché à rassembler dans cet ouvrage davantage de données et de preuves empiriques, qui mettraient en relief les tendances en matière d'inégalité et à produire une analyse supplémentaire ? À mesure que le débat public sur l'accès et l'équité dans l'enseignement supérieur en Afrique s'intensifie, il devient de plus en plus important d'utiliser des données empiriques pour informer les parties prenantes avec exactitude sur les tendances, en matière d'équité et les causes sous-jacentes de l'inéquité et de cadrer les implications politiques de ces tendances. Cet ouvrage utilise principalement des données collectées à travers des enquêtes représentatives auprès des ménages. Dans certains cas, l'analyse contenue dans cet ouvrage a pu s'appuyer sur des enquêtes menées sur une période de temps suffisamment longue et utiliser des définitions comparables, et, de ce fait, satisfait à des normes de fiabilité élevées. S'il est vrai qu'en général, il n'existe pas suffisamment de données fiables et comparables pour construire des modèles économétriques complexes, permettant d'analyser les résultats et les tendances des systèmes d'enseignement supérieur en Afrique subsaharienne, nous disposons toutefois de suffisamment d'informations empiriques pour informer le débat public et faire le suivi des résultats des interventions publiques dans le secteur. Cette étude combine et compare des données tirées de différentes sources administratives transnationales, d'enquêtes sur échantillon auprès de la population et des ménages dans les pays et d'autres analyses empiriques. En fin de compte, nous espérons démontrer l'utilité d'informations quantitatives et qualitatives fiables pour éclairer les politiques d'enseignement supérieur.

Pourquoi faudrait-il analyser les tendances en matière d'inéquité ? Il est important d'analyser les tendances et les sources d'inéquité, ainsi que l'effet de l'inéquité sur les tendances dans le domaine plus large du développement social et économique parce que l'enseignement supérieur est là pour contribuer à ce tableau social plus large. L'identification des tendances et des sources d'inéquité peut éclairer et améliorer la prise de décision en matière d'éducation de manière à pouvoir mieux répondre aux défis qui se posent. Les analyses présentées dans cet ouvrage montrent d'importantes variations dans les tendances d'inéquité au sein d'un même pays, au sein de la région ASS et au-delà de la région. Ceci voudrait dire que certains pays et certains établissements d'enseignement supérieur ont, en comparaison avec les autres, des politiques qui s'attaquent plus efficacement aux problématiques d'équité, tels que les goulots d'étranglement rencontrés par les familles et les communautés pauvres, la marginalisation de certaines régions ou de certains groupes ethniques, l'inégalité d'accès en termes de genre et de la valeur de la participation à l'enseignement supérieur. Les pays qui réussissent mieux à établir et à mettre en œuvre des politiques en réponse à ces problématiques et à d'autres défis semblent également mieux réussir à prendre en charge leurs préoccupations économiques et sociales, quoique nos analyses ne permettent pas de démontrer cette causalité à l'aide de preuves empiriques (c'est-à-dire l'effet d'une éducation relativement équitable sur le développement en général, la croissance économique, l'inclusion sociale, la productivité ou l'accès à l'emploi).

L'enseignement supérieur est essentiel pour le développement du capital humain. Les travaux de Schultz (1961), Becker (1993) et Mincer (1974) ont éclairé la théorie fondamentale du capital humain. Selon cette théorie, l'éducation constitue un investissement dans le capital humain d'une personne, lui permettant de contribuer de manière productive à la société où il vit. Cet ouvrage n'entend pas revenir dans les détails sur cette théorie ou sur les théories qui ont suivi parce qu'à ce point, le débat sur le capital humain et sa formation est largement chose réglée.

Il est également bien établi que l'accès équitable à l'enseignement supérieur a toute son importance pour une plus grande croissance économique, la réduction de la pauvreté, la réduction du sous-emploi, une plus grande participation citoyenne et l'amélioration de la santé publique en Afrique subsaharienne (Bloom, Canning et Chang 2006, Salmi et al. 2002). De plus, il est également perçu que l'équité dans l'enseignement supérieur contribue à l'amélioration des capacités d'un pays à absorber l'aide extérieure (Walenkamp et Boeren 2007). En l'absence d'un secteur privé robuste et compétitif, les systèmes d'enseignement supérieur, dans la mesure où ils sont efficaces, jouent un rôle important dans les pays en développement parce qu'ils permettent de relever la capacité technologique, de rehausser les compétences et de faire progresser l'entrepreneuriat. Ces avantages d'un système d'enseignement supérieur équitable, entre autres avantages, sont de plus en plus largement reconnus, et l'appui à l'enseignement supérieur par les gouvernements et les agences de développement, dont la Banque mondiale, semble avoir pris un essor soutenu.

Suite à la période des indépendances en ASS, l'enseignement supérieur a été considéré comme essentiel pour cultiver un capital humain, qui devait assurer un leadership et une gouvernance efficaces. Les États nouvellement indépendants ont beaucoup investi dans l'éducation et la formation, ce qui a entraîné une expansion rapide des effectifs dans les années 1960 et 1970 dans presque tous les pays d'Afrique subsaharienne. Cependant, après la première crise pétrolière du début des années 1970 et l'effondrement de nombreuses économies africaines à cause des effets concomitants de la corruption et de l'indiscipline croissante dans la gestion du budget public, de nombreuses universités africaines ont subi de fortes contraintes, qui ont eu des implications négatives pour leur gestion et leur performance (Devarajan, Monga et Zongo 2011).

Dans les années 1980, la Banque mondiale a parrainé des études, qui ont démontré des taux de retour sur investissements plus élevés dans les niveaux inférieurs de l'éducation, ce qui a amené à allouer plus de financement aux niveaux d'enseignement pré-tertiaire. Le coût relativement élevé de l'enseignement supérieur, combiné à une lassitude grandissante du côté des bailleurs de fonds, a fait que l'appui international à l'enseignement supérieur en ASS a considérablement diminué. Cependant, depuis le début du XXIe siècle, le débat sur l'importance de l'enseignement supérieur a reçu un nouvel éclairage avec la prise de conscience de l'importance du secteur dans les économies fondées sur la connaissance et dans l'amélioration de la compétitivité internationale. Le rôle d'un meilleur accès à l'éducation et du relèvement du niveau d'instruction en tant que facteurs stimulant la croissance économique est maintenant largement admis et a fait l'objet d'études approfondies. Un certain nombre d'études ont montré la relation positive entre croissance dans l'enseignement supérieur et croissance économique dans son ensemble, et en particulier le rôle de l'enseignement supérieur dans la promotion du développement du capital humain et la diffusion de la technologie (par exemple, Bloom, Canning et Chan 2006).

Cette plus grande reconnaissance du rôle de l'enseignement supérieur dans la stimulation du développement économique s'est traduite par une évolution de la composition des portefeuilles de l'éducation chez les principales banques de développement. A titre d'exemple, au niveau régional, la Banque africaine de développement mène un projet sur l'enseignement supérieur, la science et la technologie (HEST), qui accorde une grande importance à l'offre d'enseignement supérieur. En 2010, la Banque asiatique de développement a publié le rapport *Education by 2020: A Sector Operations Plan*, qui examine de près les questions de l'universalité de l'enseignement secondaire, de l'enseignement technique et professionnel et de l'appui à l'enseignement supérieur (BAD 2010, Rose et Steer 2013). La part consacrée à l'enseignement supérieur dans le budget total de l'éducation dans le cadre de l'aide publique au développement (APD) des institutions de l'Union européenne est passée de 27 % en 2002-2004 à 34 % en 2009-2011, alors que la part du portefeuille de l'éducation de base dans l'APD a diminué de 50 % à 43 % sur la même période. La part de fonds consacrée par la Banque mondiale à l'enseignement supérieur dans l'enveloppe de l'éducation administrée par l'Association internationale de développement (IDA) a augmenté de 18 % en 2002-2004 à 22 % en 2009-2011 (Rose et Steer 2013).

Dans une perspective de justice sociale, la société devrait garantir une distribution équitable des services publics et l'égalité des chances pour les personnes. Célèbre pour son idée de la « justice comme équité », Rawls (1971) reconnaît que, pour être juste, une société doit veiller à ce que tous ses membres aient les mêmes chances de tirer avantage des opportunités d'accès aux « biens primaires », c'est-à-dire des biens que toute personne rationnelle devrait vouloir. Bien que les personnes portent la responsabilité de leur propre bien-être, leur niveau global de bien-être est également déterminé par des facteurs et des conditions extrinsèques sur lesquels elles n'ont aucune influence directe. Roemer (1998) soutient que les impératifs d'équité exigent des politiques d'égalité des chances pour égaliser les avantages entre des groupes qui sont disparates. De même, Dworkin (1981) préconise une distribution des ressources qui compense les différences externes et internes (par exemple, le talent) pour lesquelles les personnes ne peuvent être tenues responsables.

Éliminer l'inéquité dans le domaine de l'éducation exige d'aller au-delà des concepts de justice sociale et d'équité et de faire de l'élimination de l'inéquité un objectif au même titre que d'autres objectifs qui sont étroitement liés, tels que l'efficacité, la pérennité et la pertinence. Bien que l'analyse contenue dans cet ouvrage mette l'accent sur l'équité, d'autres facteurs sont tout aussi importants, notamment la nécessité d'améliorer l'efficacité de l'enseignement supérieur ; la nécessité de soutenir l'expansion des systèmes d'enseignement supérieur, compte tenu de la croissance rapide de la demande ; et l'impératif d'améliorer la pertinence de l'enseignement supérieur en fonction de l'évolution des économies. Cet ouvrage soutient que l'efficacité, la pérennité et la pertinence sont d'égale importance et cherche à en démontrer les liens avec l'équité : notre analyse affirme de manière implicite qu'il n'est possible de progresser en matière d'efficacité, de pérennité et de pertinence que si on améliore l'équité, et inversement.

Une plus grande équité en matière d'opportunités d'éducation contribue à améliorer l'efficacité de la prestation de services publics. La plupart des théories sur le capital humain soutiennent que les personnes investissent dans l'éducation en fonction de leur perception des coûts et des rendements attendus. Cependant, dans les marchés imparfaits, il est difficile pour les personnes d'évaluer avec exactitude les coûts et les avantages en vue d'une planification optimale. Lorsque les personnes se heurtent à des obstacles à leur accès à l'enseignement supérieur ou subissent des biais dans le rendement sur le marché du travail (en raison de préjugés liés au sexe, à la classe, à l'appartenance ethnique, etc.), elles sont moins enclines à investir dans l'éducation. Dans ces contextes, les personnes et la société renoncent à des avantages, à cause de l'incapacité à développer le capital humain. Très peu d'études ont été menées sur les effets économiques de l'inéquité. Cependant, une analyse récente des effets de l'exclusion des Roms en Europe de l'Est a permis de chiffrer la perte importante de productivité et de revenu associée à l'inégalité (Banque mondiale 2010). Les objectifs d'équité dans le domaine de l'éducation devraient être poursuivis en toute efficience, c'est-à-dire au coût le plus bas possible. Dans certains cas, il peut y avoir des compromis quant au degré de réalisation des objectifs d'efficience et des objectifs d'équité. Dans d'autres cas, des complémentarités (synergies) peuvent surgir de la poursuite de l'efficience et de l'équité. Cependant, les pays n'ont pas nécessairement à choisir entre efficience et équité (Wößmann et Schütz 2006).

L'équité contribue à la pérennité. Il n'est pas seulement inéquitable mais également non pérenne à long terme d'offrir une éducation tertiaire gratuite ou subventionnée à des étudiants issus de familles aisées. Si la participation à l'enseignement supérieur est largement « héritée » d'une génération à l'autre, comme cela a été observé dans de nombreux pays d'Afrique subsaharienne, ce fait se manifeste principalement dans la contrainte persistante de mobilité intergénérationnelle. Les manifestations de 2011 dans le monde arabe, entre autres, ont démontré sans équivoque que l'équité dans l'accès à l'enseignement supérieur est un moyen important de promouvoir la stabilité et l'ordre dans la société (Salmi et Bassett 2012). En outre, la « fuite des cerveaux » provoquée par le départ de nombreux diplômés de l'enseignement supérieur en Afrique subsaharienne à la fin de leurs études non seulement constitue un gaspillage des maigres ressources publiques, mais sape également le renforcement des capacités de leurs sociétés d'origine.

L'expansion des systèmes d'enseignement supérieur est généralement envisagée dans le cadre des efforts d'un pays pour améliorer l'accès des groupes sous-représentés, ce qui entraîne un passage de systèmes dominés par les élites à des systèmes d'enseignement supérieur plus inclusifs. Par exemple, Shavit, Arum et Gamoran (2007) soutiennent que, lorsque le taux relatif d'inégalité reste stable (mais que les nombres absolus pour tous les groupes augmentent), l'expansion en soi constitue une forme d'inclusion. Cependant, en Afrique subsaharienne, les données factuelles indiquent qu'une augmentation de l'offre d'enseignement supérieur n'entraîne pas nécessairement un meilleur accès pour tous les segments de la population.

Structure de cet ouvrage

Cet ouvrage est structuré comme suit :

Le chapitre 2 traite de l'offre et de la demande d'enseignement supérieur en Afrique subsaharienne, montrant que la croissance de la demande en enseignement supérieur a largement dépassé la croissance de l'offre. Nous montrons que le développement économique (mesuré par le produit intérieur brut par habitant) est positivement associé aux inscriptions dans l'enseignement supérieur. De plus, nous démontrons que la structure de l'économie – plus précisément, la part de la population active employée dans les secteurs des services et de la fabrication – est fortement corrélée aux effectifs de l'enseignement supérieur. Le chapitre 2 fait également valoir que l'amélioration de l'accès aux niveaux d'enseignement pré-tertiaire et l'augmentation correspondante des effectifs bruts alimentent une demande sociale plus forte pour l'enseignement supérieur, mais que, dans la plupart des cas, l'amélioration de l'offre d'enseignement supérieur est insuffisante pour satisfaire à cette demande croissante.

Le chapitre 3 analyse les principales tendances en matière d'équité dans l'enseignement supérieur. Nous démontrons que, malgré une croissance rapide des effectifs de l'enseignement supérieur et un meilleur accès pour les groupes traditionnellement mal desservis, ces forces n'ont pas encore transformé, en système de masse, les systèmes d'enseignement supérieur d'Afrique subsaharienne, qui sont un système d'élites. La richesse relative de la famille continue de jouer un rôle décisif dans l'accès d'une personne à l'enseignement supérieur. De plus, un enfant né dans une famille dont le chef est titulaire d'un diplôme d'études secondaires a nettement plus de chances de faire des études supérieures qu'un enfant né dans un ménage dont le chef n'a aucune instruction. Notre analyse démontre que les différences régionales dans les inscriptions au niveau tertiaire sont exacerbées par le niveau d'inégalité de revenu entre les régions. En outre, nous montrons que, bien que la situation en matière de parité se soit améliorée dans l'enseignement supérieur, les préjugés persistent quant au choix de la filière principale pour les étudiantes. Ce chapitre souligne également le manque d'attention accordé aux étudiants en situation de handicap.

Le chapitre 4 s'attache à comprendre pourquoi les inéquités persistent dans l'enseignement supérieur et quels facteurs contribuent à éroder ou à exacerber l'inéquité dans l'enseignement supérieur en Afrique subsaharienne. Nous accordons une attention particulière à l'inéquité dans les niveaux d'enseignement pré-tertiaire, aux effets des biais des dépenses publiques favorisant les élites au niveau tertiaire, aux coûts d'opportunité implicites de la poursuite d'études supérieures et à l'impact des politiques d'admission au niveau tertiaire.

Le chapitre 5 montre que l'enseignement supérieur présente des avantages substantiels. Les avantages de l'enseignement supérieur se manifestent sur le marché du travail et hors du marché du travail pour les personnes aussi bien que pour la société dans son ensemble. Dans ce chapitre, nous traitons de ce qui arrive une fois que les étudiants obtiennent leur diplôme de l'enseignement supérieur et tentons d'expliquer les disparités de résultats après les études supérieures en utilisant le cadre d'étude suivant : i) rendements privés, publics et sociaux de l'enseignement supérieur et ii) impact de l'enseignement supérieur sur la mobilité sociale.

Le chapitre 6 traite des principales interventions politiques que les gouvernements ont adoptées pour cibler des populations spécifiques en vue d'élargir l'accès à l'enseignement supérieur. L'efficacité de telles interventions n'a pas été étudiée de manière approfondie, ce qui appelle à d'autres recherches.

Le chapitre 7 présente des études de cas de pays pour montrer comment les différentes politiques de l'enseignement supérieur influent sur les résultats et les tendances en matière d'équité ou d'inéquité.

Définitions essentielles

Inégalité versus inéquité

Les termes « inégalité » et « inéquité » sont souvent utilisés indifféremment. Il existe pourtant des différences importantes entre ces deux concepts. L'*inégalité* se réfère à des différences entre des groupes sans considérer dans quelle mesure ces différences sont justes alors que l'*inéquité* présuppose un jugement éthique sur les différences entre groupes. En d'autres termes, l'inéquité a trait au « processus » qui entraine les différences et l'inégalité est le « résultat » de ces différences.

La Société pour le développement international (SID 2004) définit l'inégalité comme l'écart de la répartition effective des avantages du bien-être économique produits dans une économie par rapport à la répartition égale de ces avantages au sein de la population. Dans le domaine de l'éducation, l'inégalité se réfère au degré auquel l'offre d'éducation en tant que biens et les avantages, qui en découlent, favorisent certains individus, groupes, générations, races, régions, etc. Selon Barr (2001), l'équité dans le contexte de l'enseignement supérieur correspondrait à une situation où aucune personne, ayant le talent requis, ne se voit refuser une place à l'université du fait qu'elle vient d'un milieu défavorisé.

L'inégalité s'exprime matériellement par des disparités dans les concepts relatifs au capital humain – telles que la pauvreté relative, la santé, l'éducation et les opportunités économiques – et suit souvent les mêmes tendances que celles observées en matière de genre, de classe sociale et de race. L'inégalité dans le contexte de l'éducation est généralement mesurée par les différences de résultats d'apprentissage et d'efficacité de l'apprentissage (scores aux tests, taux d'abandon, taux d'achèvement, etc.). L'inéquité fait référence à des situations et à des conditions injustes qui expliquent les inégalités de résultats, telles que les différences d'accès à l'éducation ou d'accès aux subventions publiques pour l'éducation, en fonction de la classe sociale, du milieu, du sexe et d'autres facteurs déterminants. En d'autres termes, il est nécessaire de faire la distinction entre les différences de résultats en matière d'éducation, qui résultent de différences dans les efforts effectués et dans l'aptitude des personnes et les différences de résultats, qui tiennent à des facteurs indépendants de la volonté des personnes.

Dimensions verticale et horizontale de l'équité

L'*équité verticale* est déterminée par une analyse de chaque niveau d'éducation, de la progression des étudiants d'un cycle d'étude au suivant (par exemple du secondaire à l'enseignement supérieur) et de l'achèvement des études supérieures. L'*équité horizontale* est déterminée par une analyse du niveau de diversification au sein d'un système d'enseignement supérieur et se réfère au type d'institutions ou de programmes que fréquentent les groupes définis socialement sur la base de facteurs, tels que le sexe et la situation économique ou sociale, ainsi que la performance relative de ces groupes sur le marché du travail (d'Hombres, n.d.).

Scolarisation, inscriptions ou effectifs

La *scolarisation*, les *inscription*s ou *effectifs* constitue une mesure du flux de ressources humaines dans le système éducatif. Le taux brut de scolarisation (TBS) calcule l'effectif inscrit à un niveau spécifique en tant que proportion de la population totale dans la tranche d'âge, qui officiellement devrait se trouver à ce niveau de l'éducation. Comme il n'y a pas de tranche d'âge officielle pour l'enseignement supérieur et que dans de nombreux pays d'Afrique subsaharienne, une forte proportion d'étudiants inscrits dans l'enseignement supérieur entrent dans le système plusieurs années après l'âge prévu pour les nouveaux entrants, il est plus efficace d'utiliser pour l'enseignement supérieur le nombre d'étudiants inscrits pour 100 000 habitants. Nous calculons ce nombre en divisant le nombre total d'étudiants inscrits dans l'enseignement supérieur au cours d'une année académique donnée par la population totale du pays et en multipliant le résultat par 100 000. Cette mesure permet par ailleurs de faire des comparaisons.

Niveau d'instruction

Le *niveau d'instruction* définit le stock de capital humain d'un pays. Au niveau de la personne, le niveau d'instruction désigne le dernier niveau d'enseignement qu'une personne a achevé (par exemple, un diplôme d'études secondaires ou un certificat équivalent, une licence, ou un master) à un moment donné. Il est habituellement mesuré par une enquête auprès des ménages. Le niveau d'instruction à l'échelle collective est mesuré comme dans l'exemple suivant : pour mesurer le niveau d'instruction au tertiaire chez les personnes âgées de 25 ans et plus au Ghana, on calcule le nombre de personnes ayant 25 ans et plus, qui ont fait des études supérieures ; on divise ce nombre par la population totale dans cette tranche d'âge et on multiplie le résultat par 100. Le nombre moyen d'années d'études est également utilisé pour mesurer le niveau d'instruction dans un pays. L'indicateur d'inégalité utilisé dans cet ouvrage, par exemple, repose sur une analyse du nombre moyen d'années de scolarité des étudiants chez les ménages, qui comptent parmi les 20 % ayant les revenus les plus élevés par rapport au nombre moyen d'années de scolarité des étudiants chez les ménages, qui comptent parmi les 80 % ayant les revenus les plus faibles.

Références

ADB (Asian Development Bank). 2010. *Education by 2020: A Sector Operations Plan.* Manila: ADB.

Barr, N. 2001. *The Welfare State as Piggy Bank: Information, Risk, Uncertainty, and the Role of the State: Information, Risk, Uncertainty, and the Role of the State.* Oxford: Oxford University Press.

Barros, R. D., J. Chanduvi, F. Ferreira, and J. Molinas Vega. 2009. *Measuring Inequality of Opportunities in Latin America and the Caribbean.* Washington, DC: World Bank.

Becker, G. S. 1993. *Human Capital: A Theoretical and Empirical Analysis, with Special Reference to Education.* 3rd ed. Chicago: University of Chicago Press. Orig. pub. 1964.

Bloom, D., D. Canning, and K. Chan. 2006. *Higher Education and Economic Development in Africa.* Washington, DC: World Bank.

Brossard, Mathieu, and Borel Foko. 2008. *Costs and Financing of Higher Education in Francophone Africa.* Washington, DC: World Bank.

Clancy, P., and G. Goastellec. 2007. "Exploring Access and Equity in Higher Education: Policy and Performance in a Comparative Perspective." *Higher Education Quarterly* 61 (2): 136–54.

Devarajan, S., C. L. Monga, and T. Zongo. 2011. "Making Higher Education Finance Work." *Journal of African Economies* 20 (AERC Supplement 3): iii 133–54.

d'Hombres, Béatrice. n.d. "Inequality in Tertiary Education Systems: Which Metric Should We Use for Measuring and Benchmarking?" Background Study, World Bank, Washington, DC.

Dworkin, R. 1981. "What Is Equality? Part 2: Equality of Resources." *Philosophy and Public Affairs* 10 (4): 283–345.

Experton, William, and Chloe Fevre. 2010. *Financing Higher Education in Africa.* Directions in Development Series. Washington, DC: World Bank.

Koucky, J., Q. Bartusek, and J. Kovarovic. 2010. *Who Gets a Degree? Access to Tertiary Education in Europe* 1959–2009. Charles University in Prague, Faculty of Education.

Mincer, J. 1974. *Schooling, Experience, and Earnings.* New York: National Bureau of Economic Research.

Ogawa, K., and K. Iimura. 2010. "Determinants of Access and Equity in Tertiary Education: The Case of Indonesia." *Excellence in Higher Education* 1 (1&2): 3–22.

Rawls, J. 1971. A Theory of Justice. Cambridge, MA: Harvard University Press.

Roemer, J. E. 1998. *Theories of Distributive Justice.* Cambridge, MA: Harvard University Press.

Rose, P., and L. Steer. 2013. *Financing for Global Education: Opportunities for Multilateral Action.* Washington and New York: Brookings Institution and United Nations Educational, Scientific, and Cultural Organization.

Salmi, J., and R. M. Bassett. 2012. "Opportunities for All? The Equity Challenge in Tertiary Education." Salzburg Global Seminar, Salzburg, Austria.

Salmi, J., B. Millot, D. Court, M. Crawford, P. Darvas, F. Golladay, L. Holm-Nielsen, R. Hopper, A. Markov, P. Moock, H. Mukherjee, W. Saint, S. Shrivastava, F. Steier, and R. van Meel. 2002. *Constructing Knowledge Societies.* Directions in Development Series. Washington, DC: World Bank.

Schultz, T. W. 1961. "Investment in Human Capital." *American Economic Review* 51 (1): 1–17.

Shavit, Yossi, Richard Arum, and Adam Gamoran, eds. 2007. *Stratification in Higher Education: A Comparative Study. Social Inequality Series.* Stanford, CA: Stanford University Press.

SID (Society for International Development). 2004. *Pulling Apart: Facts and Figures on Inequality in Kenya.* Nairobi: SID.

Thomas, V., Y. Wang, and X. Fan. 2001. "Measuring Education Inequality: Gini Coefficients of Education." Policy Research Working Paper 2525, World Bank, Washington, DC.

Varghese, N. V. 2004. *Private Higher Education in Africa.* Paris: International Institute for Education Planning (IIEP) and United Nations Educational, Scientific, and Cultural Organization (UNESCO).

Walenkamp, J., and A. Boeren. 2007. "What Donors Should Do." *Development & Cooperation*, No. 9.

World Bank. 2009. Accelerating Catch-Up: Tertiary Education for Growth in Sub-Saharan Africa. Directions in Development Series. Washington, DC: World Bank.

———. 2010. *Economic Cost of Roma Exclusion.* Washington, DC: World Bank.

Wößmann, L., and G. Schütz. 2006. *Efficiency and Equity in European Education and Training Systems.* Brussels: European Commission.

Zhang, J., and T. Li. 2002. "International Inequality and Convergence in Educational Attainment, 1960–1990." *Review of Development Economics* 6: 383–92.

CHAPITRE 2

Offre et demande

Principaux points

- L'offre d'enseignement supérieur en Afrique subsaharienne (ASS) a connu une croissance phénoménale, mais elle reste submergée par la croissance de la demande.
- Horizontale et verticale, la diversification a apporté une contribution majeure au développement de l'offre d'enseignement supérieur en ASS.
- Le développement de l'enseignement supérieur est positivement associé au développement économique et à la modernisation de l'économie (tels que mesurés par la part de main-d'œuvre travaillant dans les secteurs de la fabrication et des services).
- La croissance absolue et relative des inscriptions dans les cycles d'enseignement pré-tertiaire a alimenté la croissance de la demande sociale d'enseignement supérieur, mais l'offre correspondante ne parvient pas à absorber le nombre grandissant de sortants du second cycle du secondaire.

Croissance de l'offre

Malgré la croissance exponentielle des inscriptions dans l'enseignement supérieur en ASS, la région continue à détenir le taux de participation à l'enseignement supérieur le plus faible au monde. En 2013, l'enseignement supérieur en ASS se chiffrait à 7,2 millions d'étudiants inscrits contre moins de 400 000 en 1970. Le taux brut de scolarisation (TBS) à l'enseignement supérieur a augmenté à un taux annuel moyen de 4,3 % de 1970 à 2013, contre une augmentation moyenne annuelle mondiale de 2,8 % sur la même période (figure 2.1).

Toutefois, cette croissance des effectifs ne parvient toujours pas à répondre à la demande grandissante d'enseignement supérieur, et la pression sur les pays de l'ASS pour la poursuite de l'élargissement de l'accès à l'enseignement supérieur se fait grandissante. Cette pression résulte de plusieurs facteurs, notamment la croissance économique, le « dividende démographique », l'amélioration de la

Figure 2.1 Taux brut de scolarisation par région de 1970 à 2013

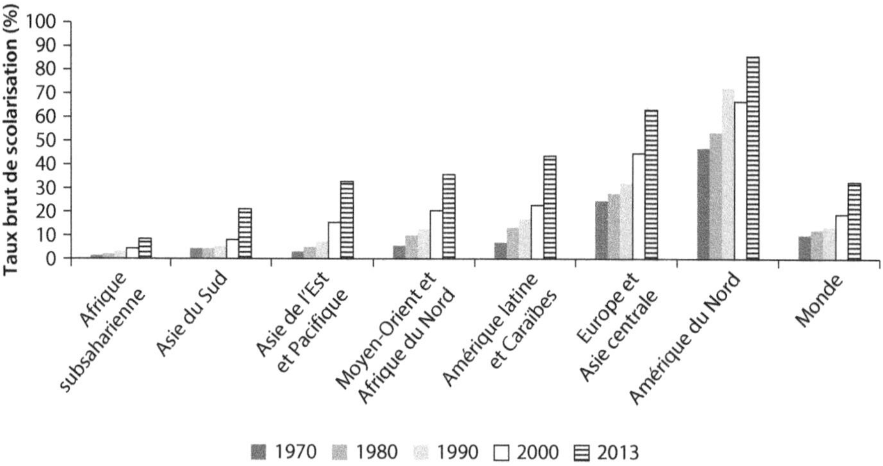

[Graphique en barres montrant le taux brut de scolarisation (%) par région pour les années 1970, 1980, 1990, 2000 et 2013. Régions : Afrique subsaharienne, Asie du Sud, Asie de l'Est et Pacifique, Moyen-Orient et Afrique du Nord, Amérique latine et Caraïbes, Europe et Asie centrale, Amérique du Nord, Monde.]

■ 1970　■ 1980　■ 1990　□ 2000　☰ 2013

Source : Les calculs sont basés sur les données de l'ISU.

scolarisation au primaire et au secondaire, et les changements structurels, qui s'opèrent dans l'économie, se traduisant par un abandon des activités du secteur primaire au profit des secteurs de la fabrication et des services.

Diversification de l'offre

La diversification fait référence à l'émergence de types d'enseignement supérieur non traditionnels en réponse à la demande pour des programmes de formation, qui i) apportent aux étudiants des compétences et un savoir qui concordent avec l'évolution de demande de l'économie et ii) satisfont aux besoins d'un éventail plus large d'étudiants, qui se distinguent tant par leurs besoins que leurs aptitudes. Parlant des systèmes d'enseignement supérieur, il y a diversification verticale lorsque la demande du marché du travail entraîne l'émergence de types d'institutions spécifiques en complément aux universités de recherche traditionnelles. Il s'agit notamment des écoles polytechniques, des instituts professionnels, des universités autres que de recherche et des établissements universitaires de premier cycle. La diversification horizontale se produit également lorsque de nouveaux types de prestataires d'éducation émergent pour répondre à un besoin non satisfait (Ng'ethe, Subotzky et Afeti 2008). Il peut s'agir d'entités à but lucratif ou sans but lucratif, d'entités confessionnelles, d'entités internationales ou d'entités relevant des autorités locales.

Diversification horizontale

Si le développement de l'enseignement supérieur privé en ASS est un phénomène relativement récent qui, dans la plupart des pays, a fait son apparition vers la fin des années 1980, ce sous-secteur de l'enseignement supérieur a connu

Figure 2.2 Part des établissements privés dans les effectifs dans l'enseignement supérieur, 2000 et 2012

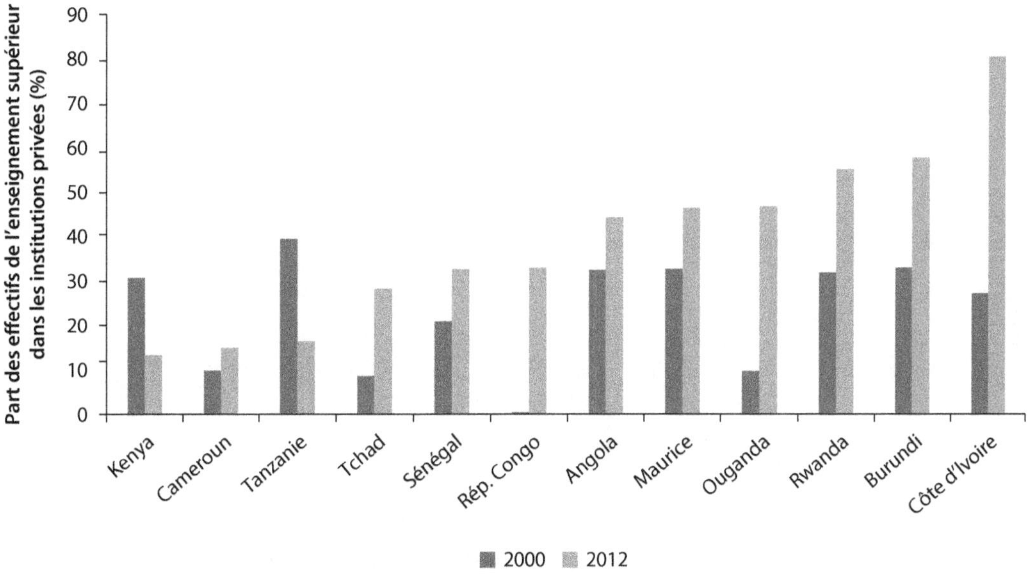

Source : Les calculs sont basés sur les données de l'ISU.

un développement spectaculaire au cours des trente dernières années. Entre 1990 et 2014, le nombre d'universités publiques dans la région est passé de 100 à 500, selon les estimations. Par comparaison, le nombre d'établissements d'enseignement supérieur privés est passé d'environ 30 en 1990 à plus de 1 000 en 2014 (Bloom et al. 2014). Dans certains pays, tels que le Tchad, la Côte d'Ivoire, la République du Congo et l'Ouganda, la part des effectifs dans les établissements d'enseignement supérieur privés a triplé, voire quadruplé au cours de la dernière décennie (figure 2.2).

Selon Varghese (2004), cette expansion rapide des établissements d'enseignement supérieur privés en ASS est due à cinq principaux facteurs : i) l'incapacité du secteur public à satisfaire à la demande sociale grandissante en enseignement supérieur ; ii) la baisse des subventions du secteur social ; iii) la demande pour des programmes et des cours, qui correspondent mieux aux besoins du marché du travail ; iv) la perception que le secteur privé fonctionne avec plus d'efficacité que le secteur public ; et v) la privatisation des universités publiques, conformément à des changements de politique économique plus larges délaissant la planification publique en faveur de l'action des forces du marché.

Le développement de l'enseignement supérieur privé dépend des politiques publiques, ce qui fait que les parcours de développement varieront entre les pays de la région. La figure 2.3 illustre la proportion des effectifs dans les établissements supérieurs privés, en tant que part du total des effectifs dans l'enseignement supérieur (pour 100 000 habitants). Elle montre que dans la plupart des pays présentant des nombres relativement faibles d'étudiants

Figure 2.3 Nombre d'étudiants de l'enseignement supérieur pour 100 000 habitants versus la part d'étudiants inscrits dans des établissements supérieurs privés, 2012

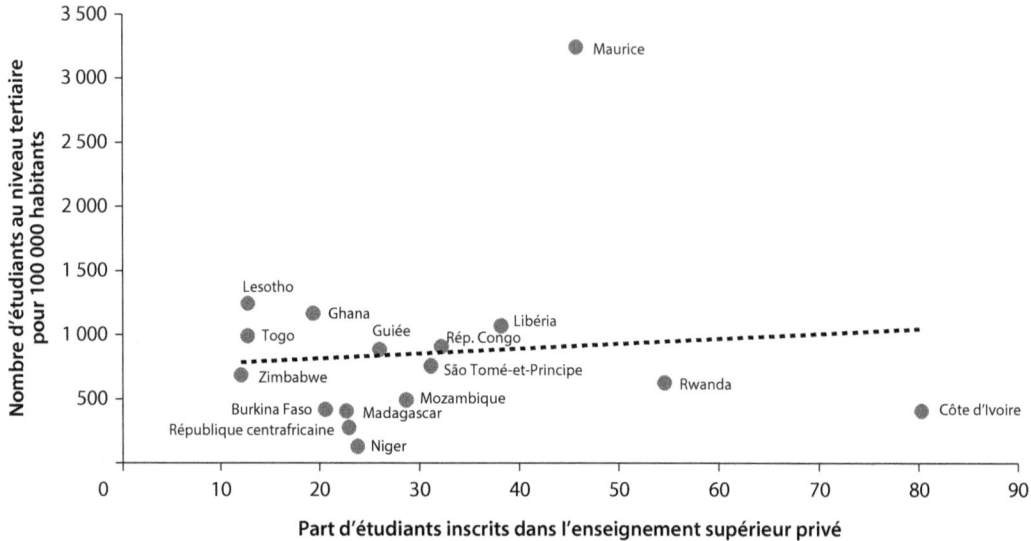

Source : Les calculs sont basés sur les données de l'ISU.
Note : ISU = Institut de statistique de l'Organisation des Nations Unies pour l'éducation, la science et la culture.

inscrits dans l'enseignement supérieur pour 100 000 habitants, la part des étudiants inscrits dans le sous-secteur de l'enseignement supérieur privé est relativement faible (comme c'est le cas du Burkina Faso et du Zimbabwe). À l'autre bout de l'échiquier, si les établissements privés concentrent plus de 80 % des inscriptions dans l'enseignement supérieur en Côte d'Ivoire, le nombre d'étudiants dans l'enseignement supérieur pour 100 000 habitants est inférieur à 500. Les pays qui cherchent à élargir l'offre privée d'enseignement supérieur pourront se pencher sur les cas particuliers de systèmes d'enseignement supérieur pour en tirer des enseignements et cerner les défis associés à une telle démarche.

Diversification verticale

Étant donné que le marché du travail exige de plus en plus des diplômés prêts à l'emploi (« produits finis »), la demande en éducation s'oriente de plus en plus vers des programmes d'études en relation avec l'emploi, au détriment des programmes d'enseignement supérieur classiques, plus théoriques. Le premier type de programmes est vu comme produisant une main-d'œuvre, qui répond mieux aux besoins de l'emploi (Varghese, 2004). L'émergence des établissements d'enseignement supérieur non universitaires, tels que les écoles polytechniques et les établissements offrant des programmes d'études à cycle court, résulte de ce changement de la demande. Dans 10 des 19 pays d'ASS pour lesquels des données sont disponibles, les formations techniques / professionnelles à cycle court

Figure 2.4 Part de l'enseignement supérieur à cycle court dans le total de l'enseignement supérieur, 2012

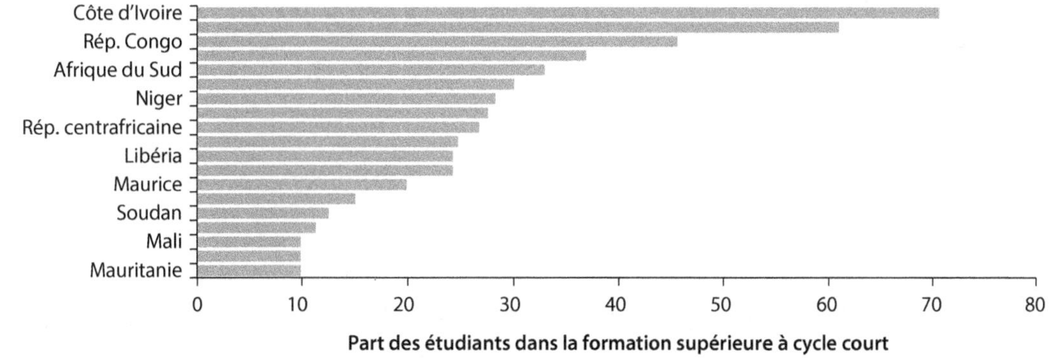

```
Côte d'Ivoire    ~71
Rép. Congo       ~61
Afrique du Sud   ~37
Niger            ~30
Rép. centrafricaine ~27
Libéria          ~24
Maurice          ~20
Soudan           ~14
Mali             ~11
Mauritanie       ~10
```
Part des étudiants dans la formation supérieure à cycle court

Source : Statistiques sur l'éducation de la Banque mondiale.

représentaient plus d'un quart des effectifs dans l'enseignement supérieur en 2012 (figure 2.4).

La dichotomie classique entre universités et établissements supérieurs non-universitaires, d'une part, et l'enseignement universitaire et non-universitaire, d'autre part, s'estompe aussi de plus en plus. Dans certains cas particulièrement intéressants, des établissements hybrides universitaires/non-universitaires ont fait leur apparition, par exemple, le *Kigali Institute of Science, Technology, and Management* (KIST, Institut des sciences, des technologies et de gestion) au Rwanda, les établissements dits Universités polyvalentes en Afrique du Sud et l'Université du Malawi. En général, les politiques relatives aux systèmes d'enseignement supérieur dans l'ASS ne définissent pas clairement les frontières entre les écoles polytechniques et les universités en termes de mission, de finalité, de cursus et de programmes (Ng'ethe, Subotzky et Afeti 2008).

Dans les pays en développement où la diversification du paysage de l'enseignement supérieur a été plus intensive, les TBS dans l'enseignement supérieur ont doublé (dans certains cas triplé) entre 1980 et 1990 (Varghese 2004). Néanmoins, le degré de corrélation entre la croissance des effectifs dans les établissements non-universitaires et les effectifs dans l'enseignement supérieur en général en ASS n'est pas clairement établi. Dans certains pays de l'ASS, la croissance de la part des inscriptions dans le secteur non-universitaire ne s'est pas traduite par une croissance des taux d'inscription en général (figure 2.5). La Côte d'Ivoire, par exemple, présente un taux d'inscription à l'enseignement supérieur faible et un taux d'inscription élevé aux programmes à cycle court. En île Maurice, la tendance est, de toute évidence, à l'opposé : le taux d'inscription dans l'enseignement supérieur est élevé et celui dans les établissements supérieurs offrant des formations à cycle court, relativement faible. En Afrique du Sud, le taux d'inscription dans l'enseignement supérieur est relativement élevé et les inscriptions aux formations à cycle court représentent une part élevée du total des inscriptions.

Figure 2.5 Effectifs dans l'enseignement supérieur à cycle court versus effectifs dans l'enseignement supérieur en général

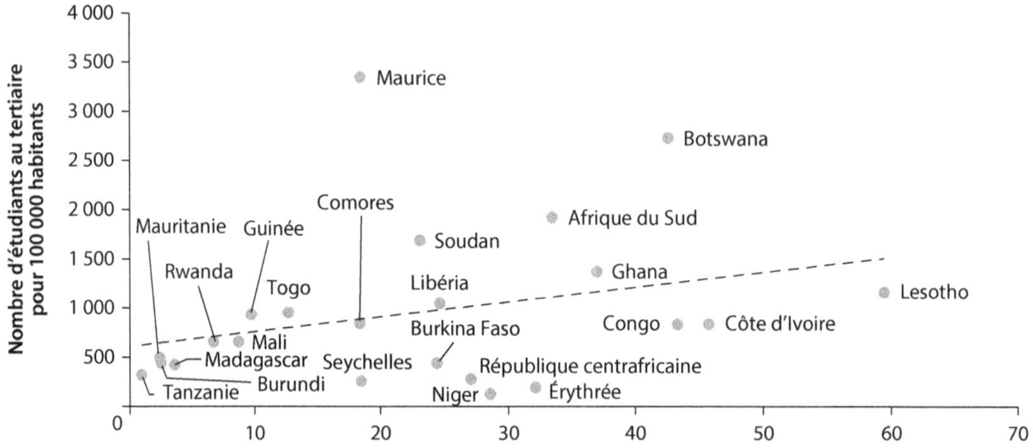

Source : Les calculs sont basés sur les données de l'ISU.
Note : Les données datent de 2013 ou de la dernière année pour laquelle des données sont disponibles. ISU = Institut de statistique de l'Organisation des Nations Unies pour l'éducation, la science et la culture.

Demande et développement économique

Au cours de la dernière décennie, la plupart des pays d'ASS ont connu une croissance économique soutenue et forte. En 2014, quatre des dix économies présentant les plus fortes croissances au monde, mesurées en termes de croissance du PIB annuel, se trouvaient dans la région de l'ASS.

Cette croissance a été soutenue par une plus grande stabilité macroéconomique, la mise en œuvre de réformes, qui s'attaquent aux défaillances et aux inefficiences du marché, une réduction des barrières commerciales et, le plus important, une croissance rapide de la demande pour des produits de base issus de l'exploitation de ressources naturelles (Banque mondiale 2009). Néanmoins, la dépendance excessive et continue des économies d'ASS riches en ressources envers les exportations de produits de base les expose aux chocs résultant de la volatilité du cours de ces produits. Le ralentissement récent de l'économie chinoise, la régression de la demande internationale en produits de base et la chute exponentielle du cours mondial du pétrole ont eu un effet important et négatif sur la performance économique à court terme de l'Afrique. La production économique de l'ensemble de la région s'est redressée à 4 % en 2015. Si ce taux se situe bien en-dessous de la moyenne historique de 4,4 %, il reste supérieur à la projection de croissance économique de 2,9 % pour l'ensemble du monde en 2015. Les projections pour 2016 indiquaient que le taux de croissance économique pour l'ensemble de l'ASS allait graduellement s'améliorer jusqu'à atteindre 4,5 % (Banque mondiale 2015).

L'amélioration de la performance économique est positivement associée au développement de l'enseignement supérieur, comme le montre la figure 2.6.

Figure 2.6 Inscriptions dans l'enseignement supérieur pour 100 000 habitants et PIB par habitant (dollars courants), 2013

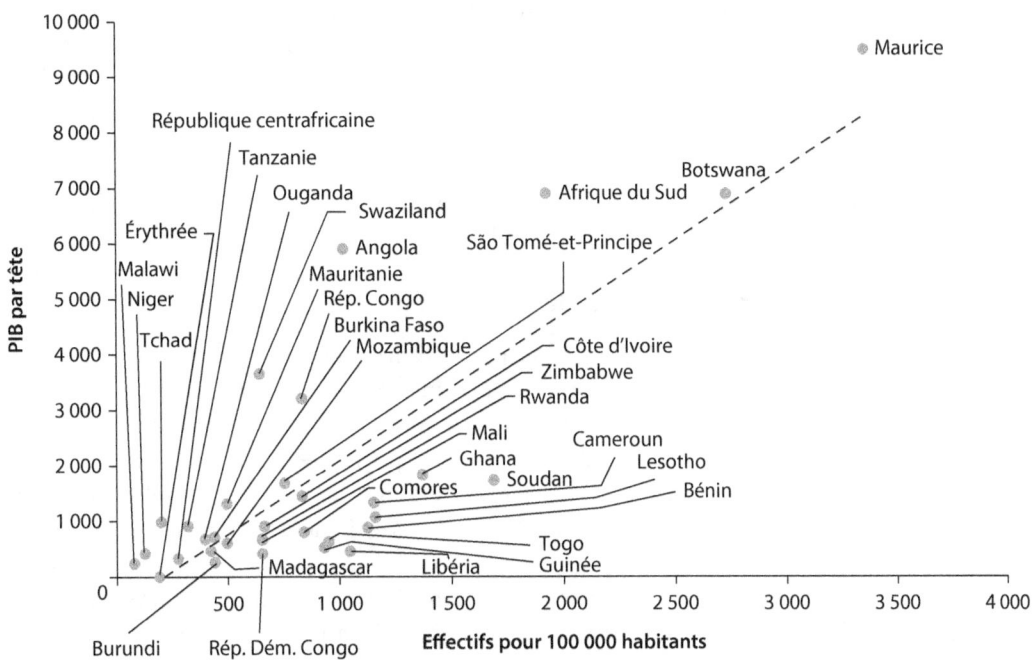

Source : Les calculs sont basés sur les données de l'ISU.

Du côté de l'offre, cela tient au fait que les gouvernements peuvent mieux financer les subventions au secteur ; du côté de la demande, cela s'explique par une augmentation de la demande pour des formes d'enseignement supérieur non traditionnelles, telles que les universités offrant des formations à cycle court axées sur des compétences spécifiques, jugées hautement utiles sur le marché du travail.

Au niveau des ménages, la corrélation entre le revenu et la scolarisation n'est pas forte[1]. Le résultat des études dépend d'un éventail de facteurs, notamment de l'accès aux cycles d'enseignement pré-tertiaire, d'une plus grande alphabétisation (des parents ainsi que des étudiants), du sexe, du milieu de résidence, d'une meilleure information sur les avantages des études et les coûts d'opportunité y afférents et de l'existence de meilleurs emplois et en plus grand nombre pour les diplômés de l'enseignement supérieur. Aux niveaux d'instruction inférieurs, les analyses indiquent un degré de corrélation faible entre les revenus du ménage et le niveau d'instruction. En Côte d'Ivoire, par exemple, la recherche indique que les ménages vivant en milieu urbain, qui sont propriétaires et exploitants de leurs propres entreprises (non-agricoles), sont moins susceptibles de scolariser leurs enfants. Dans ce contexte particulier, il se peut que la contribution actuelle de l'enfant à l'entreprise soit jugée plus précieuse que les avantages perçus d'une instruction plus avancée (Bredie et Beeharry 1998).

Les effets d'une amélioration du statut économique du ménage sur le niveau d'instruction se manifestent sur la durée. Après avoir vaincu la pauvreté, la première génération scolarisera éventuellement la suivante. L'assiduité et la performance d'un étudiant motiveront éventuellement le ménage dont il est issu à prendre en charge sa scolarisation aux niveaux supérieurs d'enseignement. Pour une famille, ceci pourrait se jouer sur une période de 15 à 20 ans, ce qui signifie que l'augmentation de la demande en enseignement supérieur pourrait se présenter 15 à 20 ans après la mise en œuvre de mesures efficaces et complètes de réduction de la pauvreté.

Structure économique et diversification

Nonobstant d'importantes variations entre les pays, le secteur agricole en ASS continue d'employer la moitié de la main-d'œuvre nationale et génère environ un cinquième du produit intérieur brut (PIB) au niveau de la région. Les données des enquêtes auprès des ménages les plus récentes (Étude sur la mesure des niveaux de vie ou EMNV) montrent que la part des emplois agricoles dans le total de l'emploi va de 83 % au Malawi à moins de 20 % en Mauritanie (figure 2.7).

Les données empiriques venant d'autres régions indiquent qu'une croissance rapide de la productivité portée par l'intensification du recours à une main-d'œuvre qualifiée et à la technologie est généralement associée à une baisse de la contribution de l'agriculture au PIB (et de la part de la main-d'œuvre agricole dans la main-d'œuvre totale). Au Ghana, par exemple, les données du Recensement de la population et de l'habitat (RPH) indiquent que la part des emplois agricoles dans le total des emplois a baissé de 53,1 % en 2000 à 41,6 % en 2010.

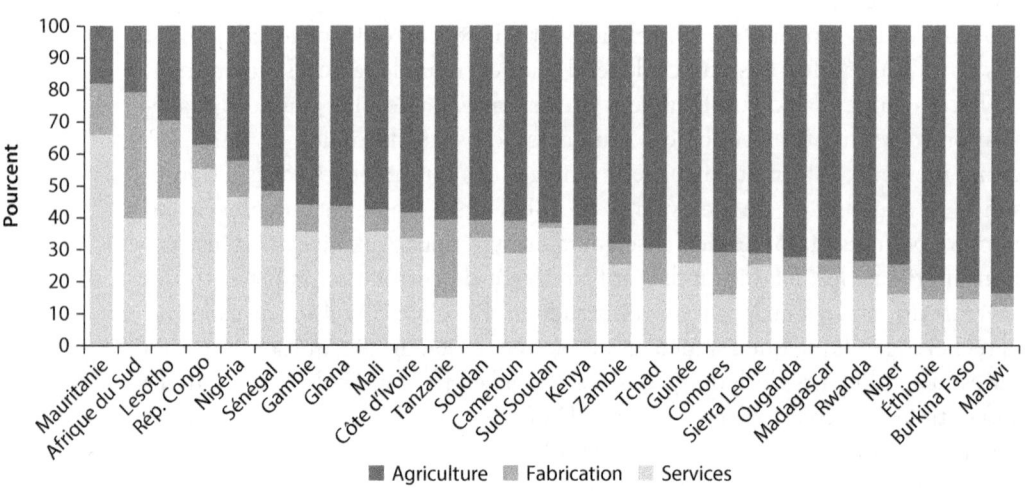

Figure 2.7 Structure économique par emploi, dernière enquête auprès des ménages

Source : Les calculs sont basés sur les données de l'EMNV.

Cette baisse s'est accompagnée d'une augmentation de la part des emplois dans le secteur des services, qui est passée de 31,4 % à 43,2 % sur la même période. La part d'emploi associée au secteur industriel est, en revanche, restée relativement constante (Hino et Ranis 2014).

Si une proportion significative de la main-d'œuvre de l'ASS continuera de trouver du travail dans le secteur agricole, les tendances de l'emploi sont en train de changer. En général, le secteur des services a fait preuve d'une plus grande efficacité à stimuler la production, les exportations et la productivité de la main-d'œuvre que le secteur manufacturier. Les projections du Fonds monétaire international (FMI 2012) indiquent que les travailleurs actuels et les candidats à l'emploi à venir chercheront de façon disproportionnée du travail dans le secteur des services parce que la croissance au cours de la dernière décennie s'est concentrée de façon disproportionnée dans le secteur des services.

La croissance économique en ASS est caractérisée par une dépendance excessive envers un petit nombre d'industries axées sur l'exportation et à haute intensité de main- d'œuvre. En comparaison, le secteur des services est à une phase embryonnaire de son développement, et la plupart des activités dans ce secteur sont menées par des petites et moyennes entreprises relevant de l'économie informelle. En général, le contexte des affaires est caractérisé par la faiblesse ou l'absence de cadres réglementaires, de mauvaises infrastructures, des exigences d'agrément coûteuses, des asymétries d'information, des pratiques de recrutement injustes, le clientélisme et de faibles niveaux de productivité (Montanini 2013).

Dans ce contexte, la part grandissante de l'emploi qui revient aux secteurs de la fabrication et des services est indicatrice d'une diversification économique croissante. Cependant, la croissance de la part de l'emploi revenant à ces secteurs ne s'accompagne pas forcément d'une croissance de la pénétration et de l'utilisation de la technologie ou d'innovations porteuses d'amélioration. Nonobstant cette réserve, les pays où les taux d'emploi dans les industries manufacturières et les services sont les plus élevés présentent les taux les plus élevés de scolarisation au second cycle du secondaire et à l'enseignement supérieur (figure 2.8, panneaux a et b).

Le secteur public a traditionnellement été le plus gros employeur des diplômés de l'enseignement supérieur en ASS. Dans une analyse des tendances d'emploi des diplômés en ASS, Mingat et Majgaard (2008) ont indiqué que le secteur public, qui ne représente que 4,1 % de l'emploi total dans la région, est le premier employeur des diplômés du secondaire et du tertiaire. En comparaison, le secteur privé moderne (5,4 % de l'emploi total dans la région) absorbe moins de travailleurs hautement qualifiés : 16 % des employés du secteur public sont diplômés d'établissements supérieurs, contre 8 % de ceux du secteur privé moderne.

La figure 2.9 illustre les importantes variations entre pays en termes de part des diplômés de l'enseignement tertiaire employés par le secteur public. Dans les pays situés dans le côté droit du graphe, tels que le Ghana et la Sierra Leone, la part d'employés du secteur public diplômés de l'enseignement supérieur est

Figure 2.8 Part d'emploi dans les secteurs de la fabrication et des services

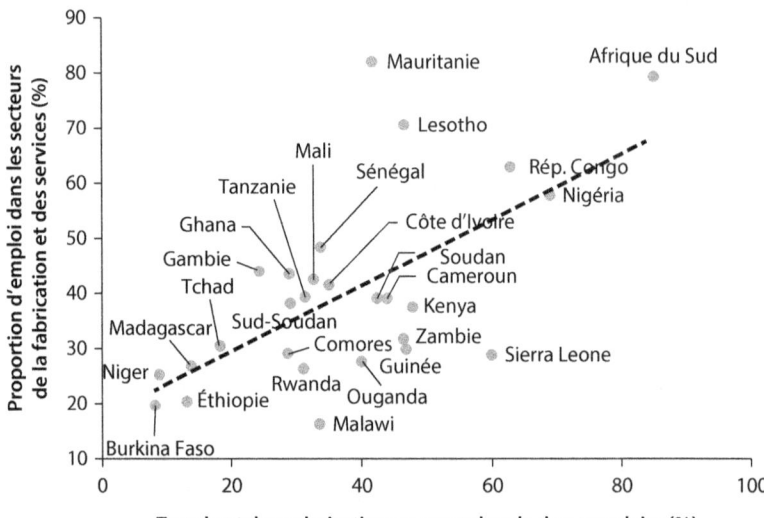

a. Part d'emploi dans les secteurs de la fabrication et des services et le taux brut de scolarisation au second cycle du secondaire (%)

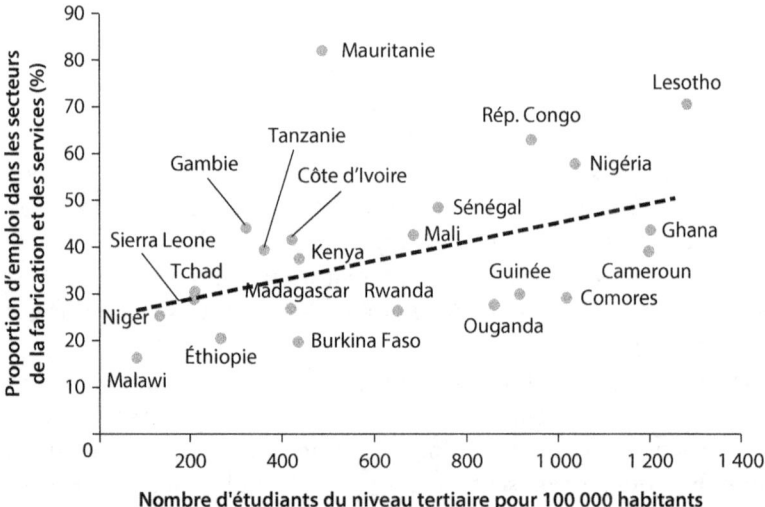

b. Part de l'emploi dans les secteurs de la fabrication et des services avec le nombre d'étudiants du tertiaire pour 100 000 habitants

Source : Les calculs sont basés sur les données de l'ENMV et de l'ISU.
Note : ENMV = Étude sur la mesure des niveaux de vie ; ISU = Institut de statistique de l'Organisation des Nations Unies pour l'éducation, la science et la culture.

importante bien que les secteurs de l'enseignement supérieur au Ghana et au Sierra Leone soient à des phases de développement très différentes. La part d'employés diplômés de l'enseignement supérieur dans les pays situés dans le côté gauche du graphe, tels que le Kenya et le Burkina Faso, est significativement plus faible.

Enseignement supérieur et équité en Afrique subsaharienne
http://dx.doi.org/10.1596/978-1-4648-1266-8

Figure 2.9 TBS et part d'employés ayant fait des études supérieures dans le secteur public

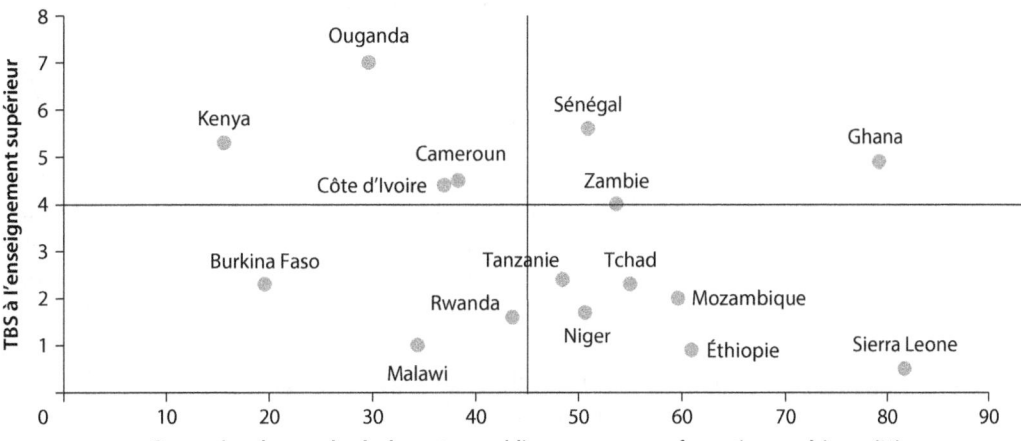

Source : Les calculs sont basés sur les données de l'ENMV.
Note : TBS = taux brut de scolarisation ; ENMV = Étude sur la mesure des niveaux de vie.

L'emploi par le secteur public n'encourage pas la compétence. Savoie et Brecher (1992) font remarquer que le secteur public en ASS indexe souvent les grilles salariales sur le niveau d'instruction. Les promotions sont généralement accordées sur la base de l'ancienneté, de façon quasi-automatique, sans grande considération de la performance. L'emploi dans la fonction publique est souvent caractérisé par l'absence de fiches de poste bien définies et de critères d'évaluation ; et dans de nombreux cas, la titularisation constitue une garantie d'emploi à vie. Enfin, la rémunération monétaire est souvent assortie de généreux avantages sociaux.

À cause de la nature même de la fonction publique, l'emploi dans le secteur public ne peut pas croître rapidement et le secteur privé peut donc être considéré comme le premier moteur de la demande grandissante pour les compétences associées à l'enseignement supérieur. En 2011, environ 50 % des diplômés de l'enseignement supérieur étaient employés par le secteur public en ASS, ce qui constitue une baisse par rapport aux 60 % environ enregistrés en 1999 (Hino et Ranis 2014).

En général, les marchés du travail en ASS n'ont pas de mécanisme permettant d'évaluer avec efficacité les compétences et le mérite des diplômés, ce qui contribue à l'inadéquation des compétences sur le marché du travail. Au Cameroun, en Côte d'Ivoire, au Madagascar, en Mauritanie, au Niger, au Nigéria, au Sénégal, en Tanzanie et en Ouganda, le taux de chômage est plus élevé parmi les diplômés de l'enseignement supérieur que chez les jeunes n'ayant fait que des études primaires ou secondaires (Amelewonu et Brossard 2005). Au Kenya, un diplômé de l'université prend en moyenne cinq ans pour trouver un emploi (Omolo 2010). Par ailleurs, Mingat et Majgaard (2008) ont noté que huit des neuf pays présentant des taux élevés de chômage parmi les diplômés de l'enseignement supérieur sont francophones, ce qui est probablement dû aux particularités de leurs politiques d'admission (ce point est traité plus en détail au chapitre 6).

Traditionnellement, le secteur de l'enseignement supérieur en ASS n'a pas contribué de façon significative à la diffusion des technologies et de l'innovation, ni à la promotion de l'entreprenariat.

Les universités des pays en développement opèrent souvent à la périphérie de la communauté scientifique internationale, incapables de participer à la production et à l'adaptation d'un savoir, qui permettrait de résoudre les problèmes économiques et sociaux intérieurs (Salmi et al. 2002). Dans de nombreux contextes, la conception des programmes d'enseignement et les cours offerts ne tiennent pas compte des conditions locales ni des particularités du marché du travail intérieur. À cause de cela, l'étudiant n'acquiert pas forcément les compétences qui lui permettront de s'auto-promouvoir et les diplômés quittent l'enseignement supérieur sans avoir les compétences requises par le marché du travail ou répondant aux besoins du marché.

Pour remédier à cette situation, les pouvoirs publics doivent faire preuve d'une plus grande volonté à poursuivre la diversification économique et le développement d'industries créatrices d'emploi, et les universités doivent accomplir avec une plus grande efficacité leur rôle de développement de la recherche et du savoir au service de l'économie comme il est prévu. Les investissements publics destinés à faciliter l'amélioration de la production d'électricité, le développement des infrastructures et la mise en œuvre de politiques macroéconomiques visant à donner accès au financement au secteur privé, peuvent avoir des effets durables en termes d'amélioration de l'environnement des affaires. Les établissements d'enseignement supérieur peuvent appuyer le développement d'un secteur privé compétitif avec plus d'efficacité et fournir aux sociétés les employés qualifiés qu'elles recherchent en révisant leurs programmes d'enseignement de manière à mettre les programmes en cohérence avec les besoins de l'économie et en renforçant leur collaboration avec le secteur privé (Hino et Ranis 2014).

Croissance de la scolarisation au niveau pré-tertiaire

L'ASS bénéficie actuellement d'un « dividende démographique ». Avec 200 millions d'habitants âgés de 15 à 24 ans, l'Afrique a la population la plus jeune au monde. De plus, le nombre absolu d'habitants dans cette cohorte générationnelle devrait doubler d'ici 2045. En 2012, 42 % de la population âgée de 20 à 24 ans de la région avait achevé l'intégralité du cycle de l'enseignement secondaire. Grâce aux grandes avancées vers l'objectif d'universalité de l'enseignement primaire, la part de la population des 20 à 24 ans de la région ayant achevé l'intégralité du cycle de l'enseignement secondaire devrait atteindre 59 % d'ici 2030, soit 137 millions de personnes (BAD et al. 2012).

L'enseignement pré-tertiaire s'est rapidement développé en ASS. Ainsi, entre 2000 et 2012, la croissance la plus rapide de la scolarisation au second cycle du secondaire a été observée dans la région de l'Asie de l'Est et du Pacifique (croissance annuelle de 4,5 %), suivie de l'Asie du Sud (3,9 %) et de l'ASS (3,5 %) (figure 2.10).

Malgré l'amélioration des taux de scolarisation dans les cycles inférieurs de l'enseignement, les taux de passage de l'école secondaire à l'enseignement supérieur restent faibles. Le taux dérisoire de passage à l'enseignement supérieur résulte de divers facteurs, notamment les faibles taux d'achèvement de l'enseignement secondaire, la perception qu'un niveau d'instruction plus élevé n'est pas nécessairement associé à des gains de revenu (Salmi et al. 2002) et la persistance des pratiques élitistes dans les systèmes universitaires africains. En 2013, le TBS à l'enseignement supérieur en ASS était de 8,5 %, ce qui correspond à environ un quart du TBS au second cycle du secondaire de 34,8 %. À l'échelle mondiale, le TBS à l'enseignement supérieur correspond environ à la moitié de celui à l'enseignement secondaire.

Les pays francophones et anglophones présentent des profils de scolarisation qui leur sont propres au second cycle du secondaire (figure 2.11). Le TBS moyen dans le second cycle du secondaire dans les pays anglophones est plus élevé que celui observé dans les pays francophones de la région. Ceci pourrait être dû à la plus grande capacité des systèmes d'éducation anglophones à absorber les étudiants ayant dépassé l'âge scolaire et aux plus fortes disparités liées au sexe dans la scolarisation que l'on relève dans la plupart des pays francophones, comparés à leurs voisins anglophones (Lewin et Sabates 2011).

Figure 2.10 TBS et taux de croissance dans le second cycle du secondaire, 2000 et 2012

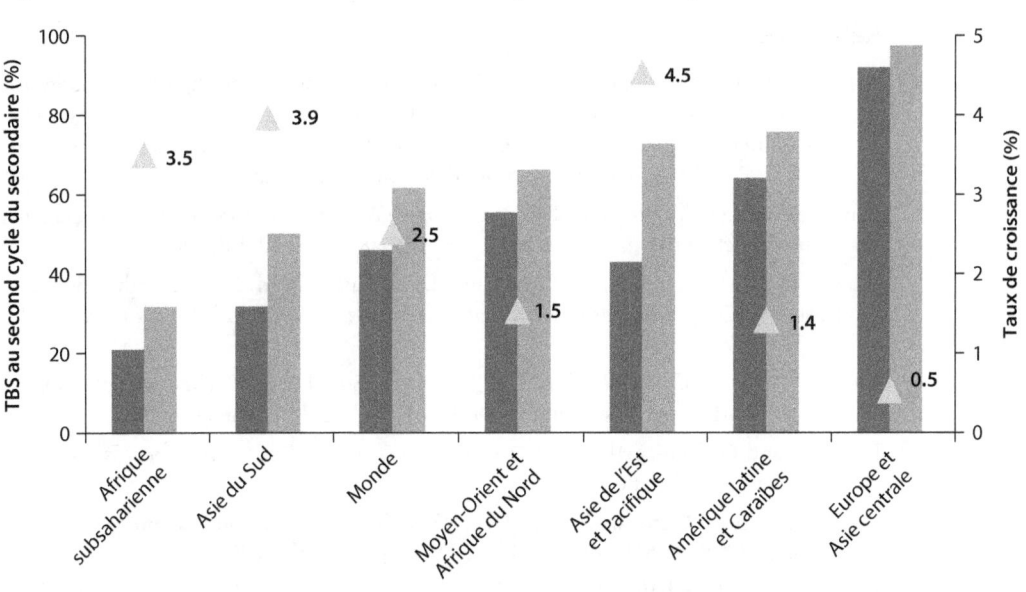

Source : Les calculs sont basés sur les données de l'ISU.
Note : TBS = taux brut de scolarisation ; ISU = Institut de statistique de l'Organisation des Nations Unies pour l'éducation, la science et la culture.

Figure 2.11 TBS au second cycle du secondaire et au tertiaire

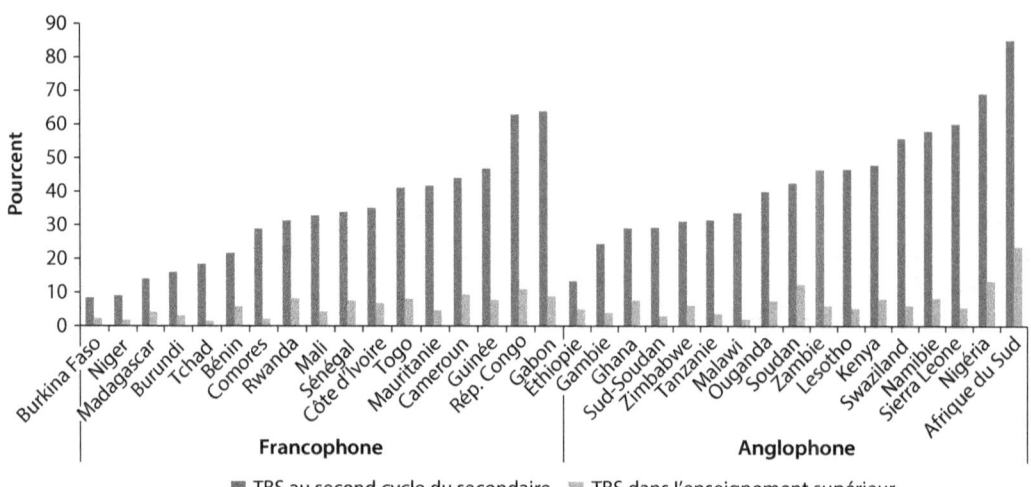

Source : Les calculs sont basés sur les dernières enquêtes auprès des ménages.
Note : TBS = taux brut de scolarisation.

Note

1. Le terme « études » utilisé ici dans son sens courant désigne le niveau d'instruction décrit au chapitre 1.

Références

AfDB, OECD, UNDP, and UNECA (African Development Bank, Organization for Economic Co-operation and Development, United Nations Development Programme, and United Nations Economic Commission for Africa). 2012. *African Economic Outlook: Promoting Youth Employment*. Paris: OECD Publishing.

Amelewonu, K., et M. Brossard. 2005. *Développer l'éducation secondaire en Afrique: Enjeux, contraintes et marges de manœuvre*. Addis Ababa: UNESCO–BREDA.

Bloom, D. E., D. Canning, K. Chan, and D. L. Luca. 2014. "Higher Education and Economic Growth in Africa." *International Journal of African Higher Education* 1 (1): 22–57.

Bredie, J. W., and G. K. Beeharry. 1998. "School Enrollment Decline in Sub-Saharan Africa." World Bank Discussion Paper 395, World Bank, Washington, DC.

Hino, H., and G. Ranis. 2014. *Youth and Employment in Sub-Saharan Africa: Working but Poor*. New York: Routledge.

IMF (International Monetary Fund). 2012. *World Economic and Financial Surveys, Regional Economic Outlook, Sub-Saharan Africa*. Washington, DC: IMF.

Lewin, K., and R. Sabates. 2011. *Changing Patterns of Access to Education in Anglophone and Francophone Countries in Sub Saharan Africa: Is Education for All Pro-Poor?* Research Monograph No. 52, CREATE.

Mingat, A., and K. Majgaard. 2008. *A Cross-Country Study of Education in Sub-Saharan Africa*. Washington, DC: World Bank.

Montanini, M. 2013. "Supporting Tertiary Education, Enhancing Economic Development." ISPI Working Paper 49, Istituto per gli Studi di Politica Internazionale, Milan.

Ng'ethe, N., Subotzky, G., and Afeti, G. 2008. *Differentiation and Articulation in Tertiary Education Systems: A Study of Twelve African Countries*. Washington, DC: World Bank.

Omolo, O. 2010. *The Dynamics and Trends of Employment in Kenya*. IEA Research Paper Series. Nairobi: Institute of Economic Affairs.

Salmi, J., B. Millot, D. Court, M. Crawford, P. Darvas, F. Golladay, L. Holm-Nielsen, R. Hopper, A. Markov, P. Moock, H. Mukherjee, W. Saint, S. Shrivastava, F. Steier, and van Meel. 2002. *Constructing Knowledge Societies*. Directions in Development Series. Washington, DC: World Bank.

Savoie, D. J., and I. Brecher. 1992. *Equity and Efficiency in Economic Development: Essays in Honour of Benjamin Higgins*. Montreal: McGill–Queen's University Press.

UIS (UNESCO Institute for Statistics). 2012. *Reaching Out-of-School Children Is Crucial for Development*. Paris: United Nations Educational, Scientific, and Cultural Organization.

Varghese, N. V. 2004. *Private Higher Education in Africa*. Paris: International Institute for Education Planning (IIEP) and Paris: United Nations Educational, Scientific, and Cultural Organization.

World Bank. 2009. *Accelerating Catch-Up: Tertiary Education for Growth in Sub-Saharan Africa*. Directions in Development Series. Washington, DC: World Bank.

———. 2015. *Africa's Pulse*. Washington, DC: World Bank.

CHAPITRE 3

Tendances en matière d'équité

Principaux points

- Malgré une croissance importante de l'emploi des diplômés de l'enseignement supérieur et une augmentation de l'offre d'enseignement supérieur aux groupes traditionnellement mal desservis, les systèmes d'enseignement supérieur en Afrique subsaharienne (ASS) n'ont toujours pas perdu leur caractère élitiste pour devenir des systèmes éducatifs de masse.
- La richesse relative des ménages continue d'être un facteur décisif de la probabilité qu'une personne ait accès à l'enseignement supérieur.
- Les enfants issus d'un ménage dont le chef a achevé le secondaire sont beaucoup plus susceptibles d'aller à l'université que ceux issus de ménages dont le chef n'a aucune instruction.
- Même si la parité dans l'enseignement supérieur s'est améliorée, il reste une certaine discrimination à l'endroit des étudiantes en ce qui concerne le choix de la filière principale.
- Les différences régionales s'imbriquent aux lacunes de développement économique.
- En général, les systèmes d'enseignement supérieur en ASS n'accordent pas suffisamment d'attention aux besoins des étudiants en situation de handicap dans leurs politiques.

Statut socioéconomique

Le fossé entre les riches et les pauvres est un problème social majeur en ASS. Au Kenya, par exemple, le pour cent (1 %) de personnes qui gagnent le plus dans le pays gagnent en moyenne 1 204 dollars par mois, tandis que le salaire le plus élevé que les 90 % du segment inférieur de la population peuvent obtenir est d'environ 181 dollars par mois (Mulongo 2013). L'Afrique du Sud, le pays le plus développé du continent, présente la disparité la plus forte en matière de distribution des revenus (figure 3.1).

Figure 3.1 Distribution des revenus ou de la consommation par quintile

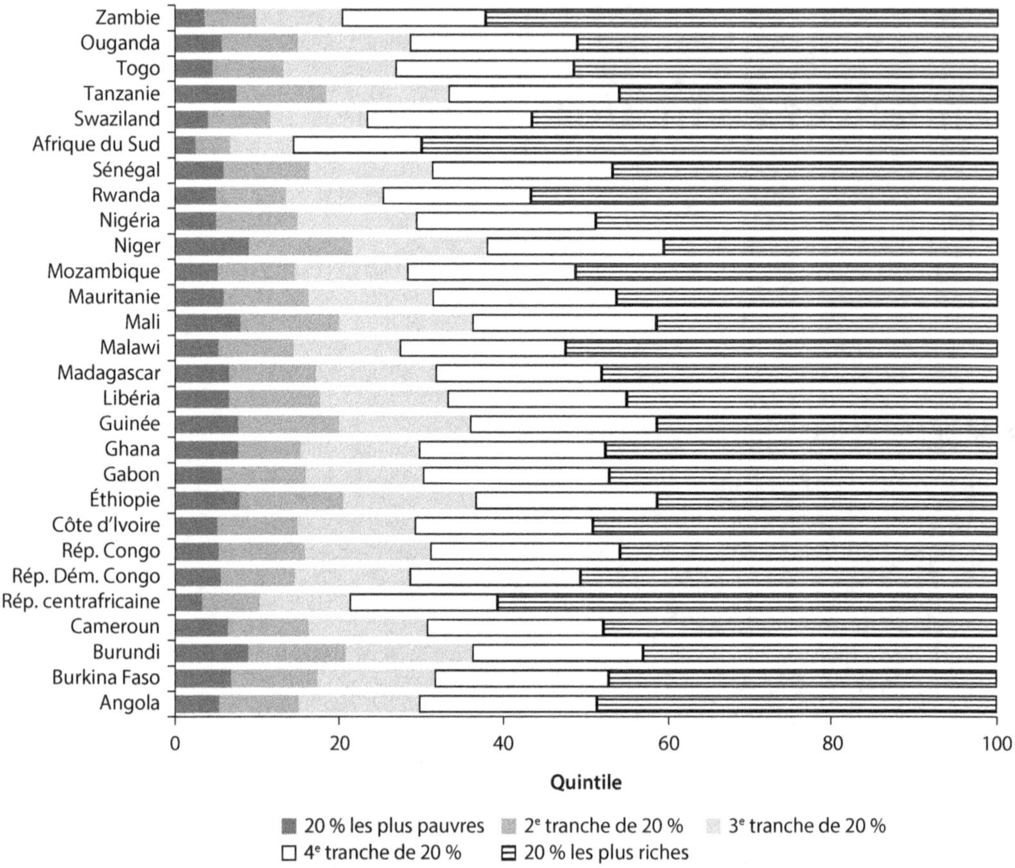

[Graphique à barres empilées horizontales montrant la distribution des revenus par quintile pour les pays suivants : Zambie, Ouganda, Togo, Tanzanie, Swaziland, Afrique du Sud, Sénégal, Rwanda, Nigéria, Niger, Mozambique, Mauritanie, Mali, Malawi, Madagascar, Libéria, Guinée, Ghana, Gabon, Éthiopie, Côte d'Ivoire, Rép. Congo, Rép. Dém. Congo, Rép. centrafricaine, Cameroun, Burundi, Burkina Faso, Angola]

Quintile

■ 20 % les plus pauvres   ■ 2ᵉ tranche de 20 %   ■ 3ᵉ tranche de 20 %
□ 4ᵉ tranche de 20 %   ⊟ 20 % les plus riches

Source : Les calculs sont basés sur les données de l'ENMV.

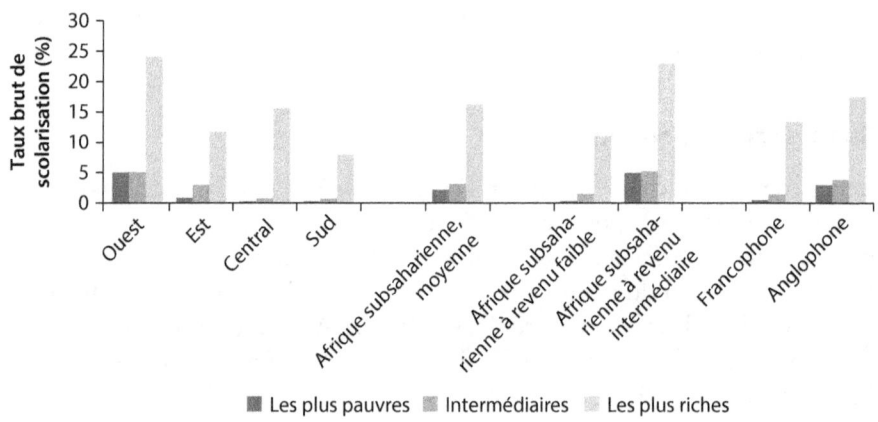

Figure 3.2 TBS à l'enseignement supérieur par quintile de richesse dans la région d'Afrique subsaharienne

■ Les plus pauvres   ■ Intermédiaires   ■ Les plus riches

Source : Les calculs sont basés sur les données de l'ENMV.
Note : TBS = taux brut de scolarisation.

Enseignement supérieur et équité en Afrique subsaharienne
http://dx.doi.org/10.1596/978-1-4648-1266-8

Dans de nombreux pays d'ASS, les inscriptions aux universités et autres établissements d'enseignement supérieur sont dominées par des étudiants issus de ménages appartenant aux quintiles de revenus les plus élevés (figure 3.2). En général, la part d'étudiants issus de ménages des quintiles de revenus inférieurs est plus élevée dans les pays relativement plus riches. Par ailleurs, les disparités sont moins nombreuses dans les pays anglophones par rapport aux pays francophones et d'une perspective géographique, les pays d'Afrique de l'Est et de l'Ouest présentent des niveaux d'équité relativement supérieurs à ceux d'Afrique australe et centrale.

Le taux brut de scolarisation (TBS) des étudiants à faible revenu dans l'enseignement postsecondaire augmente à un rythme plus lent que celui des étudiants issus de ménages appartenant aux 20 % obtenant le plus de revenus. Dans les pays pour lesquels des données sont disponibles, la scolarisation au niveau postsecondaire des étudiants issus de ménages appartenant aux 80 % obtenant le moins de revenus a augmenté d'environ 3,1 % entre 1998 et 2012 (3,5 % dans les pays anglophones et 2,4 % dans les pays francophones) contre 7,9 % chez les étudiants issus de ménages appartenant aux 20 %, générant le plus de revenus (7,2 % dans les pays anglophones et 9,4 % dans les pays francophones). Comme les données entre parenthèses ci-dessus l'indiquent clairement, la disparité de TBS liée aux milieux d'origine des étudiants est plus faible dans les pays anglophones que dans les pays francophones. (figure 3.3, panneaux a et b).

Au-delà de la question des inscriptions et de la fréquentation, les étudiants issus de milieux défavorisés inscrits dans l'enseignement supérieur sont plus susceptibles d'abandonner leurs études que leurs pairs, issus de milieux comparativement plus privilégiés. Parce qu'il leur arrive plus souvent d'interrompre leurs études pour prendre un emploi à plein temps, les étudiants issus de ménages à moindre revenu termineront leurs études dans des délais probablement plus longs que les étudiants issus de ménages plus riches (Chimanikire 2009).

Figure 3.3 Taux brut de scolarisation au postsecondaire dans les pays d'Afrique

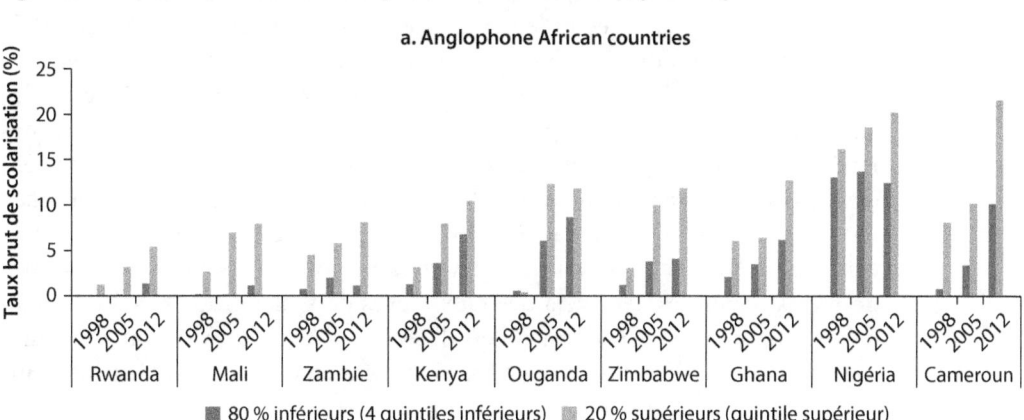

suite de l'encadré, page suivante

Figure 3.3 Taux brut de scolarisation au postsecondaire dans les pays d'Afrique *(suite)*

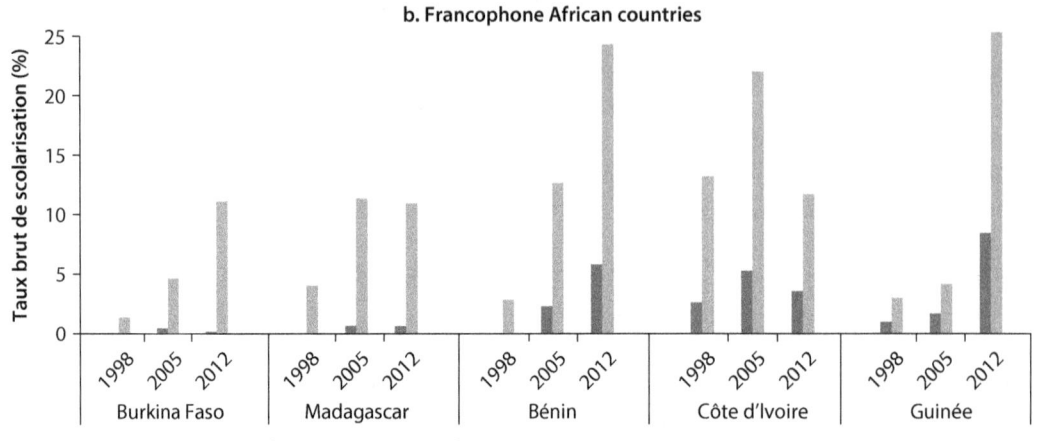

Source : Les calculs sont basés sur les données de l'ISU.
Note : Le taux brut de scolarisation dans le postsecondaire correspond au nombre d'étudiants de tout âge inscrits dans le postsecondaire, exprimé en tant que pourcentage des jeunes en âge de fréquenter le postsecondaire. Les jeunes en âge de fréquenter le postsecondaire se situent dans la fourchette de l'âge où l'on termine l'école secondaire à l'âge maximal autorisé fixé par le système éducatif. ISU = Institut de statistique de l'Organisation des Nations Unies pour l'éducation, la science et la culture.

Genre

Bon nombre des implications sociales positives associées à l'éducation sont liées à une plus grande participation des filles et des femmes à l'éducation. L'éducation des filles et des femmes contribue donc de façon positivement disproportionnée à l'amélioration du bien-être social. Toutefois, dans l'ensemble de l'ASS, les disparités liées au sexe dans la scolarisation au niveau tertiaire persistent. Pour l'ensemble de l'ASS, le TBS des filles et des femmes est passé de 3,7 % en 2000 à 7,0 % en 2013, augmentant à un taux de croissance annuel de 5 %. Malgré ce gros progrès, pour 100 étudiants (de sexe masculin) inscrits dans les systèmes d'enseignement supérieur d'ASS en 2013, il n'y avait environ que 72 étudiantes. Les grandes différences de TBS relevées entre les étudiants et les étudiantes font ressortir davantage l'inéquité entre les sexes à 9,9 % et 7,0 % respectivement. De plus, la croissance du TBS des femmes dans l'enseignement supérieur en ASS a été plus lente, se situant en-dessous de la moyenne internationale de 6 % et ne dépassant que la croissance enregistrée dans les Etats arabes (4 %) et les pays d'Europe de l'Est et d'Asie centrale (3 %). Ceci n'est en rien remarquable pour l'ASS parce que les deux dernières régions avaient déjà des taux élevés de scolarisation des femmes au départ (figure 3.4). En dernier lieu, l'ASS et l'Asie du Sud sont les seules régions où le nombre d'hommes dépasse de plus en plus celui des femmes dans la participation à l'enseignement supérieur.

L'héritage de l'époque coloniale explique en partie la persistance de l'inéquité entre les sexes dans l'enseignement supérieur. Les systèmes éducatifs coloniaux ont été conçus pour former exclusivement les hommes africains à occuper des fonctions subalternes d'appui et d'administration (Egbo 2000). A ce jour, ces préjugés sexistes fortement enracinés et les politiques appliquées dans les institutions tertiaires de la région qui, de manière non intentionnelle, restent insensibles au genre participent à la discrimination envers les étudiants et ont des implications négatives sur leur accès à l'enseignement supérieur.

La participation des filles et des femmes à l'enseignement supérieur s'améliore en ASS, quoique lentement. Dans la plupart des pays d'ASS, l'indice de parité – mesuré en tant que ratio d'inscription des femmes par rapport aux hommes – s'est amélioré entre 2000 et 2012. Les pays relativement riches présentent moins de disparités que les pays pauvres de la région. Dans un groupe de pays comprenant le Botswana, Cabo Verde, le Lesotho et l'île Maurice, la part des effectifs féminins dans l'enseignement supérieur est à présent supérieure à celle des hommes (figure 3.5). Bien que le Lesotho continue de jouir d'un indice de parité supérieur à 1, ce pays de même que l'Angola, le Mali et le Soudan ont connu une baisse de l'indice au cours de la période étudiée.

Une autre préoccupation se pose en ce qui concerne la participation féminine à l'enseignement supérieur : même lorsque les femmes ont accès à l'enseignement supérieur, les données factuelles montrent qu'elles se retrouvent canalisées vers des types spécifiques d'établissements et de disciplines, qui débouchent sur des emplois moins bien rémunérés en raison des préjugés sexistes.

Figure 3.4 Taux brut de scolarisation, indice de parité entre les sexes et enseignement supérieur

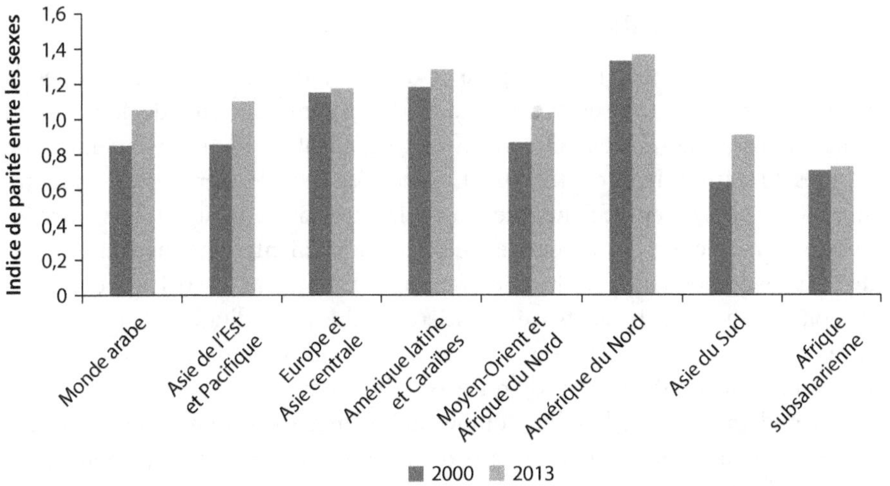

Source : Statistiques sur l'éducation de la Banque mondiale 2015.

Figure 3.5 Indice de parité en rapport au TBS dans l'enseignement supérieur dans quelques pays, 2000 et 2012

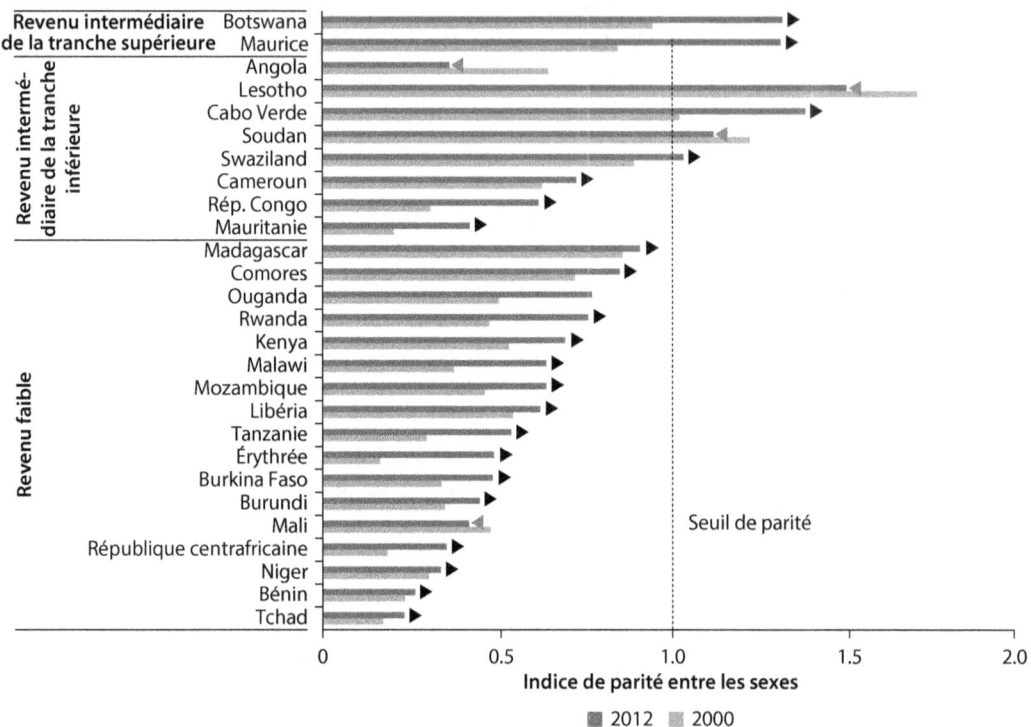

Source : Statistiques sur l'éducation de la Banque mondiale.
Note : TBS = taux brut de scolarisation.

Éducation des parents

Dans pratiquement tous les pays pour lesquels des données sont disponibles, la relation entre le statut socioéconomique des parents et celui de leur enfant adulte montre une corrélation positive et significative pour un ensemble de mesures du statut (Hertz et al. 2007). Les données de la dernière série d'enquêtes auprès des ménages en ASS indiquent aussi la persistance d'une relation entre les niveaux d'instruction des parents et ceux de leurs enfants. Une mauvaise mobilité intergénérationnelle en éducation renforce la stratification sociale, et la transmission relative des inégalités en matière d'éducation d'une génération à la suivante est un indicateur indirect du manquement d'une société à offrir des opportunités aux enfants issus de milieux défavorisés.

Les étudiants issus de familles dont le chef de ménage a, au minimum, fait des études secondaires présentent des taux de fréquentation de l'enseignement supérieur significativement plus élevés que les étudiants issus de ménages dont le chef n'a pas achevé le primaire. La figure 3.6 montre que les étudiants issus de ménages dont le chef a, au minimum, achevé le secondaire ont, en moyenne,

Tendances en matière d'équité

Figure 3.6 TBS à l'enseignement supérieur selon le niveau d'instruction du chef de ménage

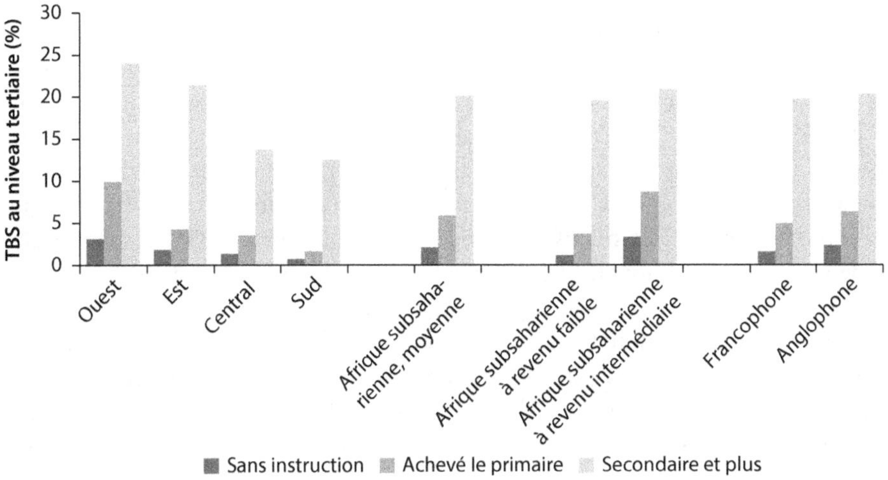

Source : Les calculs sont basés sur les données de l'ENMV.
Note : TBS = taux brut de scolarisation ; ASS = Afrique subsaharienne.

dix fois plus de chances de s'inscrire dans un établissement d'enseignement supérieur que ceux nés dans un ménage dont le chef n'a pas achevé le primaire. Même si les différences infrarégionales sont évidentes dans ces données, cette tendance de l'inéquité se retrouve dans l'ensemble des pays d'ASS. Les pays à revenu moyen et anglophones présentent des taux d'équité relativement plus élevés ; et, à l'échelle régionale, l'Afrique de l'Ouest est légèrement plus équitable que les autres sous-régions.

Facteurs géographiques et régionaux

Il existe un corpus de recherche important qui montre que les étudiants issus de districts scolaires ruraux et pauvres sont plus susceptibles d'être limités dans leur accès à un enseignement de qualité au second cycle du secondaire. Cette situation restreint davantage leurs perspectives d'accès à l'enseignement supérieur. Le rapport sur la situation de l'éducation au Malawi a, par exemple, montré que même si la majorité de la population vit en milieu rural, la part des étudiants issus du milieu rural ne représentait que 24 % du nombre total des effectifs de l'enseignement supérieur en 2007 (Banque mondiale 2010). Une étude similaire a montré que seulement 21 % des étudiants du système d'enseignement supérieur rwandais étaient issus du milieu rural en 2006 (Banque mondiale 2011). Manuh, Gariba et Budu (2007) sont parvenus à la conclusion qu'au Ghana, le facteur le plus décisif pour l'accès d'une personne à l'université est la région et le milieu dont elle est issue. En Tanzanie, deux tiers des effectifs dans l'enseignement supérieur proviennent de six des 22 régions administratives du pays et les 16 régions restantes d'où vient le tiers restant sont de façon disproportionnée des régions rurales (Azcona et al. 2008). Au Kenya, la tendance de distribution des avantages associés à l'accès à l'enseignement supérieur présente un biais en faveur des régions d'origine des anciens présidents et ce biais se retrouve parallèlement dans la distribution des emplois publics (Mulongo 2013).

Les disparités entre milieu urbain et rural perpétuent de plusieurs façons l'inéquité au niveau des inscriptions dans l'enseignement supérieur. Les grands centres urbains sont plus susceptibles de bénéficier de la présence de grands établissements d'enseignement supérieur publics bien établis, ce qui signifie que les étudiants issus de familles, résidant en milieu urbain, sont plus susceptibles d'avoir accès à un choix plus large d'établissements d'enseignement supérieur. Le milieu urbain est aussi plus susceptible de bénéficier de systèmes du second cycle du secondaire dans lesquels les écoles sont dotées de meilleures ressources et les étudiants ont des scores plus élevés aux tests standardisés. Le milieu urbain présente, finalement, des taux de scolarisation plus élevés au niveau tertiaire. Comparés à leurs homologues ruraux, les étudiants des écoles secondaires urbaines sont plus susceptibles d'avoir accès aux informations concernant les politiques d'admission à l'enseignement supérieur et de bénéficier de liens mieux établis entre les écoles et les bureaux d'admission des universités. En dernier lieu, il est plus difficile pour les étudiants issus du milieu rural d'entrer dans l'enseignement supérieur parce qu'ils doivent se trouver et payer un logement du fait qu'ils ne peuvent pas faire le trajet domicile-université tous les jours.

Étudiants en situation de handicap

Il y a très peu d'informations disponibles sur les taux de participation au tertiaire des étudiants en situation de handicap. De même, il n'y a guère de recherche sur l'expérience des étudiants en situation de handicap dans l'enseignement supérieur en ASS ni sur l'existence d'interventions à l'échelle des systèmes ciblant la participation des étudiants en situation de handicap. Une des explications au manque flagrant d'attention aux politiques promouvant la participation à l'enseignement supérieur pour les étudiants en situation de handicap est que les personnes en situation de handicap des pays à faible revenu n'ont guère eu d'opportunité réelle de se mobiliser pour faire valoir leurs droits (Yeo 2005). Les données indiquent que dans certains systèmes d'enseignement supérieur de l'ASS, l'accès des étudiants en situation de handicap à l'enseignement supérieur en général ou à des programmes spécifiques est formellement bloqué ou est découragé de manière plus informelle (Howell 2005). Par ailleurs, les pratiques d'exclusion des étudiants en situation de handicap de l'éducation de base ou de ségrégation de ceux-ci à une éducation de base spécialisée limitent les effectifs d'étudiants en situation de handicap aptes à être admis dans les établissements d'enseignement supérieur (Croft 2010).

En Afrique du Sud, 4 666 étudiants en situation de handicap étaient inscrits dans des établissements publics d'enseignement supérieur en 2009, ce qui correspond à 0,6 % du nombre total des inscrits et constitue une augmentation par rapport aux 4 325 étudiants inscrits en 2007. Ces chiffres sont mauvais lorsqu'on sait que la prévalence du handicap au sein de la cohorte des 20 à 29 ans en Afrique du Sud est de 3,5 % (Salmi et Bassett 2012).

La littérature sur la participation à l'enseignement supérieur chez les étudiants en situation de handicap suggère qu'ils se heurtent à une diversité d'obstacles et de frustrations propres à leur désavantage relatif (Jacklin et Robinson 2007). La recherche menée au Zimbabwe a révélé que même si l'Université du Zimbabwe a facilité l'admission des étudiants en situation de handicap depuis 1982, ceux parmi eux qui ont été admis se sont heurtés à la marginalisation et à la désautonomisation, y compris, sans s'y limiter, les stéréotypes négatifs, des difficultés lors du processus d'admission et l'inaccessibilité des infrastructures (Chataika 2010). Au Malawi, seuls 20 % des établissements d'enseignement sont accessibles en fauteuil roulant (Loeb et Eide 2004).

L'expansion des systèmes d'enseignement supérieur en ASS a bénéficié de façon disproportionnée aux étudiants issus de ménages appartenant au quintile de revenu le plus élevé, en particulier dans les pays francophones. Les autres facteurs d'inéquité, qui influent sur l'accès à l'enseignement supérieur sont le sexe, le niveau d'instruction du chef de ménage de l'étudiant, le lieu de résidence (rural versus urbain) et le handicap.

Dans de nombreux cas, ces facteurs d'inéquité sont liés entre eux et se renforcent mutuellement, générant un impact direct sur la perspective de l'étudiant d'accéder à l'enseignement supérieur. Pour remédier à l'inéquité d'accès à l'enseignement supérieur, les politiques doivent s'attacher en particulier à faciliter l'accès à l'éducation pour les groupes sociaux les plus défavorisés (par exemple, les filles en milieu rural issues de familles parmi les pauvres appartenant à une minorité ethnique), dont les perspectives d'inscription dans l'enseignement supérieur sont particulièrement faibles.

Références

Azcona, G., R. D. Chute, L. Dookhony, H. Klein, D. Loyacano-Perl, D. Randazzo, and V. Reilly. 2008. *Harvesting the Future: The Case for Tertiary Education in Sub-Saharan Africa*. Syracuse: Maxwell School of Syracuse University.

Chataika, T. 2010. "Inclusion of Disabled Students in Higher Education in Zimbabwe." In *Cross-Cultural Perspectives on Policy and Practice: Decolonizing Community Contexts*, edited by J. Lavia and M. Moore. New York: Routledge.

Chimanikire, D. P. 2009. *Youth and Higher Education in Africa: The Cases of Cameroon, South Africa, Eritrea, and Zimbabwe*. Dakar: Council for the Development of Social Science Research in Africa.

Croft, A. 2010. *Including Disabled Children in Learning: Challenges in Developing Countries*. Project Report. Brighton, U.K.: Consortium for Research on Educational Access, Transitions and Equity.

Egbo, B. 2000. *Gender, Literacy, and Life Chances in Sub-Saharan Africa*. The Language and Education Library Series. Bristol, U.K.: Multilingual Matters.

Hertz, Tom, Tamara Jayasundera, Patrizio Piraino, Sibel Selcuk, Nicole Smith, and Alina Verashchagina. 2007. "The Inheritance of Educational Inequality:

International Comparisons and Fifty-Year Trends." *B.E. Journal of Economic Analysis and Policy* 7 (2): 1–48.

Howell, C. 2005. *Higher Education Monitor: South Africa Higher Education Responses to Students with Disabilities—Equity of Access and Opportunity?* Pretoria: Council on Higher Education.

Jacklin, A., and C. Robinson. 2007. "What Is Meant by 'Support' in Higher Education? Towards a Model of Academic and Welfare Support." *Journal of Research in Special Educational Needs* 7 (2): 114–23.

Loeb, M., and A. Eide. 2004. *Living Conditions among People with Activity Limitations in Malawi: A National Representative Study.* Oslo: SINTEF Health Research.

Manuh, T., S. Gariba, and J. Budu. 2007. *Change and Transformation in Ghana's Publicly Funded Universities: A Study of Experiences, Lessons, and Opportunities.* Oxford: James Currey; Accra: Woeli Publishing Services.

Mulongo, G. 2013. "Inequality in Accessing Higher Education in Kenya; Implications for Economic Development and Well-Being." *International Journal of Humanities and Social Science* 3 (16).

Salmi, J., and R. M. Bassett. 2012. "Opportunities for All? The Equity Challenge in Tertiary Education." Salzburg Global Seminar Salzburg, Austria.

Yeo, R. 2005. *Disability, Poverty and the New Development Agenda.* Disability Knowledge and Research Programme. London: U.K. Department for International Development.

World Bank. 2010. *The Education System in Malawi.* Washington, DC: World Bank.

———. 2011. *Rwanda Education Country Status Report: Toward Quality Enhancement and Achievement of Universal Nine Year Basic Education.* Washington, DC: World Bank.

CHAPITRE 4

Équité des opportunités

Principaux points

- La majorité des étudiants en Afrique subsaharienne (ASS) quittent le système éducatif dans les cycles d'enseignement précédant le tertiaire. Plus le ménage dont il est issu est pauvre, moins l'étudiant est susceptible d'intégrer les cycles d'enseignement pré-tertiaire au bon âge et à l'âge officiel, et de rester scolarisé.
- Le rationnement de l'enseignement supérieur gratuit bénéficie de façon disproportionnée aux enfants issus de ménages comparativement riches parce qu'ils ont accès à des écoles qui fonctionnent mieux, sont plus susceptibles d'être exposés à des modèles issus du milieu universitaire et à d'autres formes de capital culturel. Par ailleurs, la charge engendrée par les coûts directs associés à l'enseignement supérieur – tels que frais de scolarité, le logement et la nourriture – ainsi que les coûts indirects liés au coût d'opportunité de la poursuite des études pèsent plus lourdement sur les ménages pauvres.
- Les familles à faible revenu surestiment les coûts d'opportunité associés à la poursuite d'études supérieures (parce qu'elles impliquent un plus grand manque à gagner, en termes de baisse du revenu absolu, que chez les familles à revenu plus élevé).
- Les familles à faible revenu sous-estiment également le niveau de rendement des diplômes de l'enseignement supérieur pour les chercheurs d'emploi sur le marché du travail.
- Les différences de politique d'admission entre les systèmes francophones et anglophones d'ASS expliquent certaines des différences de leurs résultats en matière d'équité.
- L'inéquité dans les systèmes d'enseignement supérieur en ASS est exacerbée par les asymétries d'information, les étudiants issus de milieux défavorisés étant moins susceptibles que leurs pairs plus riches d'avoir accès à des informations exactes et à jour sur les processus d'admission, le choix de programmes d'études et les rendements comparatifs sur le marché du travail. Leurs décisions quant au choix de leur programme d'études supérieures s'en trouvent affectées.

Inéquité dans les cycles d'enseignement pré-tertiaire

La course à l'entrée à l'université commence dès la maternelle ou le pré-primaire. Un important corpus de recherche démontre que les enfants issus de familles riches présentent un niveau de développement cognitif plus avancé à la petite enfance que les enfants issus de familles moins riches. Plus le ménage dont un enfant est issu est défavorisé, moins cet enfant sera susceptible de commencer son instruction à l'âge officiel de début de la scolarité. Une fois que les étudiants ont intégré le système scolaire, leurs perspectives de poursuivre leurs études, le niveau d'instruction qu'ils atteindront et la mesure dans laquelle leur scolarité sera retardée par les redoublements et les absences prolongées de l'école sont fortement influencées par leur statut socioéconomique. L'Institut de statistique de l'Organisation des Nations Unies pour l'éducation, la science et la culture (ISU) a démontré que les enfants issus des ménages du quintile le plus pauvre sont quatre fois plus susceptibles d'être déscolarisés que les enfants issus des ménages du quintile le plus riche (40 % versus 10 %). Ces exemples d'inéquité dans les cycles d'enseignement précédant le tertiaire parmi d'autres influent significativement sur la composition des effectifs de l'enseignement tertiaire et le niveau d'inéquité dans l'enseignement supérieur.

Les ménages relativement riches sont plus susceptibles de payer pour un enseignement tertiaire privé et les services de professeurs particuliers pour préparer leurs enfants à des niveaux d'études supérieurs. Une étude récente des résultats dans les pays de l'Organisation de coopération et de développement économiques (OCDE) indique que la performance académique d'un étudiant est plus fortement associée au statut économique moyen des autres parents d'étudiants de la même école que celui du statut économique de ses propres parents (Causa et Johansson 2009).

Le Ghana, par exemple, possède l'un des systèmes d'éducation de base les plus performants de la région et pourtant, on estime que seulement un tiers des étudiants ont une maîtrise suffisante des matières académiques (mathématiques, sciences, langues et humanités) pour être admis dans le second cycle du secondaire. Au Ghana, seulement un quart des étudiants (environ) commencent leur scolarité dans le second cycle du secondaire à l'âge prévu et parmi ceux qui prennent l'examen sanctionnant la fin du second cycle du secondaire, plus de la moitié des étudiants échouent dans les matières mathématiques et sciences. Parmi les étudiants qui parviennent à achever le second cycle du secondaire, un sur cinq seulement enchaînera avec l'enseignement supérieur. Comme c'est généralement le cas dans la majorité des pays d'ASS, le passage à l'enseignement supérieur est essentiellement réservé à un petit nombre de privilégiés, qui ont fréquenté les meilleures écoles secondaires. Cet état des choses est mis en évidence par les données du Ghana où environ 70 % des professionnels techniques diplômés de l'enseignement supérieur (par exemple, les médecins, les scientifiques, les ingénieurs, les pharmaciens) ont fréquenté 18 des 504 lycées du pays (Addae-Mensah 2000).

Une expression de l'inéquité en matière d'éducation mesurée dans cet ouvrage est le nombre moyen d'années d'études des personnes issues du quintile de revenu le plus élevé exprimé en tant que ratio du nombre moyen d'années d'études du reste de la population. Le ratio qui en résulte permet de mesurer le degré d'inéquité dans un système d'éducation donné. Les étudiants africains issus des ménages du quintile de revenu le plus élevé font 1,2 fois plus d'études que les étudiants issus des 80 % de ménages restants. Selon la figure 4.1 ci-dessous, le niveau d'inéquité est plus élevé dans les pays francophones (ratio entre le nombre moyen d'années d'études des personnes issues du quintile de revenu le plus élevé et celui du reste de la population allant de 1,5 à 3,4), comparé aux pays anglophones où il est plus faible (ratio variant entre 1,2 et 1,8). Cette distribution du nombre moyen d'années d'études s'accentue encore plus lorsque le nombre moyen d'années d'études des étudiants issus des ménages du quintile de revenu le plus élevé est comparé à celui des étudiants issus des ménages du quintile de revenu le plus faible.

L'évolution de ce ratio dans le temps indique que le Cameroun, le Ghana et la Sierra Leone ont considérablement réduit l'inéquité dans leur système, comme l'indique l'évolution du niveau d'instruction moyen au cours des deux dernières décennies (années 1990 à 2010), et l'Éthiopie, le Rwanda et l'Ouganda ont fait des progrès significatifs[1]. Cette mesure de l'inéquité est restée relativement constante en Côte d'Ivoire et au Malawi, mais a empiré au Niger, au Sénégal et en Tanzanie (figure 4.2).

Figure 4.1 Nombre moyen d'années d'études de la population âgée de 15 à 64 ans, 20 % générant le plus de revenus contre les 80 % inférieurs générant le moins de revenus

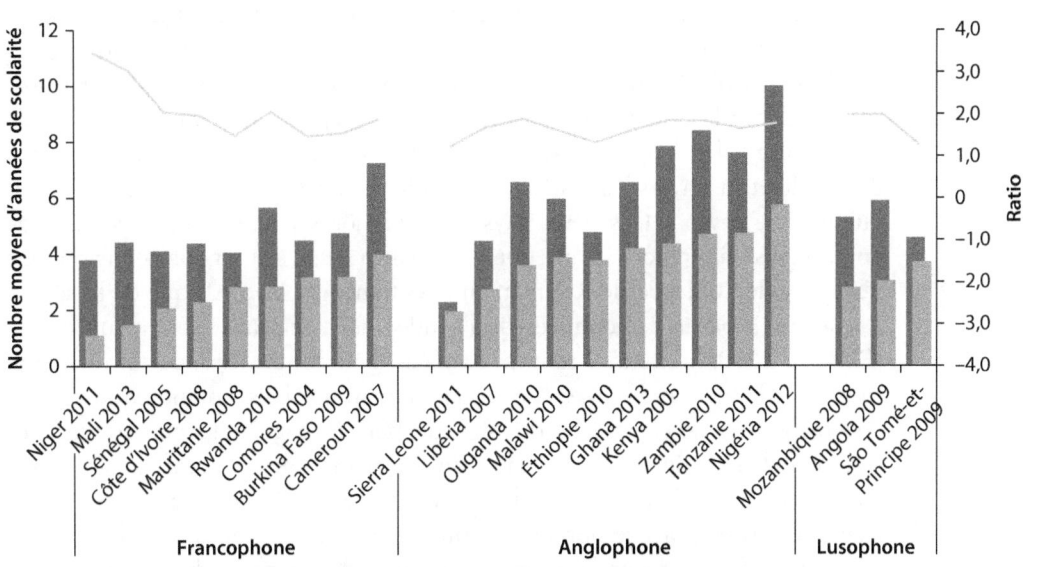

Source : Les calculs sont basés sur les données de l'ENMV.

Figure 4.2 Inéquité du niveau d'instruction, 1990–2010

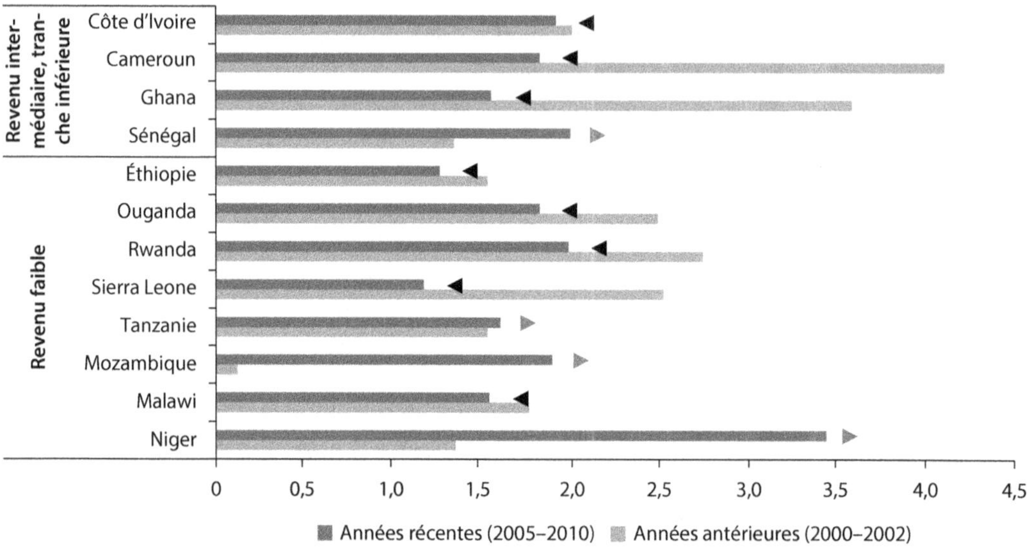

[Graphique à barres montrant l'inéquité pour les pays à revenu intermédiaire, tranche inférieure (Côte d'Ivoire, Cameroun, Ghana, Sénégal) et les pays à revenu faible (Éthiopie, Ouganda, Rwanda, Sierra Leone, Tanzanie, Mozambique, Malawi, Niger), avec comparaison entre années récentes (2005–2010) et années antérieures (2000–2002), axe de 0 à 4,5.]

Source : Les calculs sont basés sur les données de l'ENMV.

La figure 4.3 illustre les effectifs de l'enseignement supérieur pour 100 000 habitants et l'inéquité, telle que mesurée à partir de l'indice défini ci-dessus. Les pays situés dans le quadrant supérieur droit du graphe – tels que la Côte d'Ivoire, le Malawi, le Mozambique et le Niger – présentent des taux élevés d'inéquité si l'on se réfère à la comparaison des niveaux d'instruction et des (faibles) effectifs. Dans ces pays, l'inéquité crée un goulot d'étranglement, exigeant d'élargir le système si ces pays veulent rattraper le reste du continent.

La figure 4.4 et le tableau 4.1 présentent les données relatives à la progression des étudiants à travers les systèmes éducatifs au Ghana et au Rwanda, selon les quintiles de revenu. Ces deux pays ont été choisis parce qu'ils présentent de nombreuses différences, étant donné que le Ghana est un pays anglophone d'Afrique de l'Ouest et le Rwanda, un pays francophone d'Afrique de l'Est.

Calculé à partir des données de l'Étude sur la mesure des niveaux de vie (ENMV) 2010, le nombre moyen d'années d'études au Rwanda est d'environ trois[2]. Les données présentées ci-dessus indiquent une baisse dramatique du taux de scolarisation des élèves issus des 60 % de ménages gagnant le moins de revenus vers la fin de l'enseignement primaire. En quatrième année du primaire, les élèves issus des ménages du quintile le plus pauvre représentent 17 % de l'ensemble des élèves scolarisés, mais ce nombre dégringole rapidement : le temps d'arriver en première année du secondaire, les enfants issus des ménages du quintile le plus pauvre ne représentent plus que 7 % des inscrits. En première année du second cycle du secondaire, les étudiants issus des ménages du quintile le plus pauvre ne représentent plus que 2 % des inscrits.

Équité des opportunités

Figure 4.3 Indice d'inégalité de niveau d'instruction et effectifs dans l'enseignement supérieur pour 100 000 habitants dans quelques pays d'Afrique subsaharienne

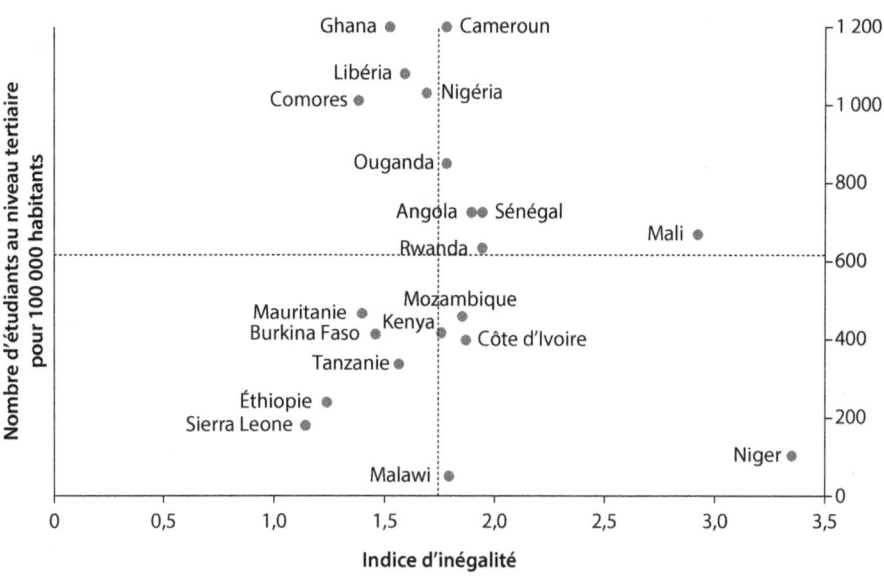

Source : Les calculs sont basés sur les données de l'ENMV.
Note : L'indice d'inégalité mesure le niveau d'instruction des 20 % de la population la plus riche contre celui des 80 % restants. 0 = pas d'inégalité ; 4 = forte inégalité.

Figure 4.4 Distribution des étudiants selon le niveau de richesse de leur famille du préscolaire à l'enseignement supérieur

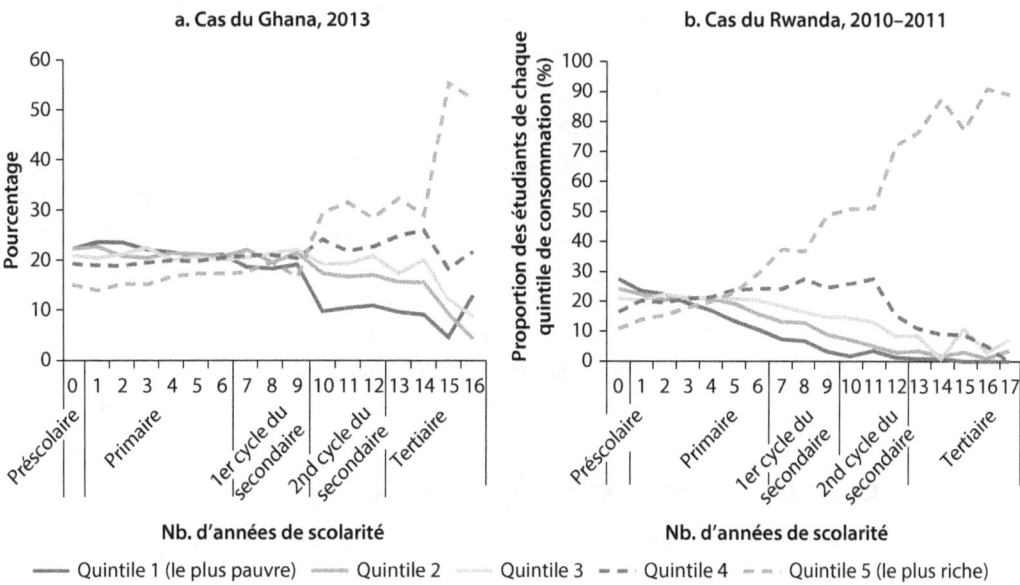

Enseignement supérieur et équité en Afrique subsaharienne
http://dx.doi.org/10.1596/978-1-4648-1266-8

Tableau 4.1 Distribution des étudiants selon le niveau de richesse de leur famille, du préscolaire à l'enseignement supérieur
Pourcentage

Cycle de l'enseignement	Classe	Quintile 1 (le plus pauvre)	Quintile 2	Quintile 3	Quintile 4	Quintile 5 (le plus riche)
Cas du Ghana, 2013						
Primaire	9ᵉ	22	21	20	20	17
	7ᵉ	21	21	20	21	17
Premier cycle du secondaire	6ᵉ	19	22	21	21	18
	3ᵉ	19	21	22	20	17
Second cycle du secondaire	2ⁿᵈᵉ	10	17	19	24	30
	Terminale	11	17	21	23	28
Tertiaire	1ʳᵉ année	10	16	17	25	32
	5ᵉ année	13	4	9	22	52
Cas du Rwanda, 2010–2011						
Primaire	9ᵉ	17	21	21	21	20
	7ᵉ	11	16	20	24	29
Premier cycle du secondaire	6ᵉ	7	13	18	24	37
	3ᵉ	3	9	15	24	49
Second cycle du secondaire	2ⁿᵈᵉ	2	7	14	26	51
	Terminale	1	3	8	15	72
Tertiaire	1ʳᵉ année	1	3	8	11	76
	5ᵉ année	0	4	7	0	89

Source : Données de l'ENMV.

Le Gouvernement du Ghana a dédié d'importantes ressources à l'amélioration de l'accès à l'éducation et a considérablement travaillé ses politiques dans ce sens, ce qui a entraîné une baisse des niveaux de disparité dans les cycles d'enseignement pré-tertiaire. Calculé à partir des données de la 6ᵉ édition de l'Enquête sur le niveau de vie au Ghana (ENVG) 2013, le nombre moyen d'années d'études au Ghana est d'environ cinq. La proportion d'étudiants issus des ménages des quintiles de revenu inférieurs baisse vers la fin du premier cycle du secondaire. Les étudiants issus des familles du quintile le plus pauvre sont plus nombreux que leurs pairs du quintile le plus riche tout au long de l'école primaire et du premier cycle du secondaire, et la proportion d'enfants du quintile le plus élevé ne dépasse celle des enfants issus des ménages du quintile le plus pauvre qu'en première année du second cycle du secondaire. À partir de la seconde, la part d'inscrits constituée par les étudiants du quintile de ménages le plus riche augmente de façon soutenue ; néanmoins, les étudiants issus des ménages du quintile le plus pauvre représentent 10 % des effectifs dans l'enseignement supérieur.

Coûts de la poursuite d'études supérieures

Les coûts directs associés à l'enseignement supérieur – par exemple, les frais de scolarité, le logement et la nourriture – sont clairs et concrets. Les autres coûts, tels que les coûts d'opportunité, sont moins faciles à cerner et s'imposent indirectement. Pris ensemble, ces coûts directs et indirects constituent des obstacles majeurs conditionnant le choix des étudiants relativement plus pauvres à poursuivre ou non des études supérieures.

Paiements directs

Le partage des coûts désigne la pratique consistant à distribuer le coût de l'enseignement supérieur entre le gouvernement (ou le contribuable), les parents, les étudiants et les philanthropes (Johnstone 2003). Au niveau international, la tendance est au renforcement du partage des coûts des études supérieures et des coûts de subsistance. Par le passé, les fonds du gouvernement ont couvert la plus grande partie des coûts associés aux études supérieures en ASS et, dans certains cas, ont garanti la gratuité de l'enseignement supérieur. Les gouvernements, les parents (ou la famille élargie) et les étudiants (Johnstone et Marcucci 2010) se partagent de plus en plus ces coûts. En 2009, au moins 26 pays d'Afrique appliquaient une forme ou une autre de frais de scolarité à payer à l'entrée ou d'autres types de prélèvement pour l'enseignement supérieur (par exemple, droits d'examen, droits d'inscription, frais de carte d'identité, frais de bibliothèque et frais du système de gestion d'informations) (Experton et Fevere 2010).

Les données ayant montré que les diplômés du tertiaire sont plus susceptibles de générer des revenus élevés et des avantages importants d'un statut social rehaussé, les partisans du partage des coûts estiment qu'il s'agit là d'une pratique juste et efficiente. Johnstone (2003) présente les données et les fondements idéologiques, qui sous-tendent les opinions favorables et l'opposition à la pratique du partage des coûts et parvient à la conclusion qu'il s'agit probablement d'une tendance inévitable qui découle puisque les institutions ont besoin de revenus plus importants, et qu'il y a de plus en plus de concurrence pour s'attirer les fonds publics. Curtin (2000) fait valoir que les diplômés de l'enseignement supérieur qui obtiennent plus de revenus lorsqu'ils sont employés sont assujettis à des impôts sur le revenu plus élevé, qui compensent les coûts de l'enseignement supérieur dont ils ont bénéficié. Toutefois, la part des recettes recouvrées par les gouvernements des pays à faible revenu à partir de l'impôt sur le revenu, des impôts sur les salaires et de la taxe à la consommation (par exemple, une taxe sur la valeur ajoutée) est relativement petite et ne permet par conséquent pas de recouvrer une proportion suffisamment importante des dépenses consenties pour l'éducation publique (Burgess 1997). Selon Blaug (1992), toute forme de subvention de l'éducation supérieure implique un transfert de revenus des membres de la société moins instruite à une strate plus instruite, de ceux qui ne parviennent pas à pleinement jouir des avantages de l'éducation publique à ceux qui en bénéficient.

Les pays qui introduisent ou revoient à la hausse les frais d'utilisateurs pour l'accès à l'enseignement supérieur risquent d'exacerber l'inéquité à moins d'avoir des mécanismes d'aide financière efficaces et bien ciblés (Salmi et al. 2002). Tonheim et Matose (2013), par exemple, relèvent que le manque de financement est le plus grand obstacle empêchant les jeunes Sud-Africains issus de milieux socioéconomiques défavorisés d'avoir accès à l'éducation supérieure.

En 2011, selon les estimations, la contribution des ménages d'ASS aux dépenses nationales en éducation supérieure s'élevait à 34 %[3]. Cette part de la contribution des ménages aux dépenses totales en enseignement supérieur varie considérablement, allant de seulement 13,6 % au Tchad à plus de 50 % au Bénin, en Gambie et au Togo. Comparés aux ménages des pays à revenu élevé, ceux des pays à revenu faible et intermédiaire présentent la contribution la plus faible à l'enseignement supérieur – le cycle le plus onéreux et celui où le rendement privé de l'éducation est le plus élevé (UNICEF 2015).

Les recherches menées par l'Organisation des Nations Unies pour l'éducation, la science et la culture (UNESCO) ont démontré que les coûts unitaires de l'éducation pris en charge par les ménages varient selon les cycles d'enseignement, augmentant graduellement à chaque niveau, du primaire à l'enseignement supérieur, pour un facteur de variation total de 12. Cette tendance est relevée aussi bien dans les systèmes éducatifs publics que privés, même si les coûts unitaires absolus sont plus élevés dans les systèmes éducatifs privés que publics. Au niveau tertiaire, les coûts unitaires des ménages les plus riches sont quatre fois supérieurs à ceux des ménages des quintiles les plus pauvres (Foko, Tiyab et Husson 2012). Même si la valeur absolue de l'investissement dans l'enseignement supérieur est nettement plus élevée pour les familles des quintiles de revenus les plus élevés, dans de nombreux cas, le coût de l'enseignement supérieur, tel que mesuré en termes de part des dépenses d'éducation dans les dépenses non-alimentaires des ménages, rend ce niveau d'éducation inabordable pour les ménages plus pauvres (figure 4.5).

Figure 4.5 Dépenses d'éducation en tant que pourcentage des dépenses non-alimentaires des ménages

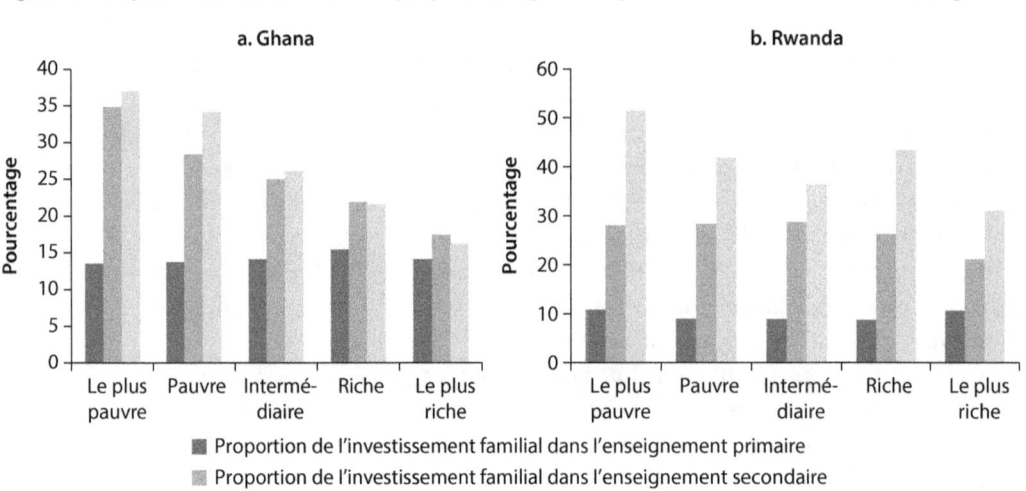

Source : Les calculs sont basés sur les données de l'ENMV.

Au Ghana, par exemple, chez les ménages du quintile de revenu inférieur, l'envoi d'un enfant dans un établissement d'enseignement supérieur coûte 37 % de leurs dépenses non alimentaires. Pour ces ménages, la part des dépenses non-alimentaires requise pour envoyer un enfant à l'université correspond au double de celle requise dans les ménages du quintile de revenu le plus élevé. Cette tendance est aussi évidente dans les coûts associés à l'éducation secondaire, qui sont relativement imposés aux ménages. Au Rwanda, chez les ménages du quintile de revenu le plus pauvre, l'envoi d'un enfant dans un établissement d'enseignement supérieur mobilise 51 % de leurs dépenses non-alimentaires, contre 31 % chez les ménages du quintile de revenu le plus élevé. Dans ce contexte, une famille rwandaise pauvre qui aurait à inscrire plus d'un enfant dans le cycle tertiaire, n'aurait mathématiquement aucune capacité à investir dans autre chose.

Coûts d'opportunité et manque à gagner

Face à la décision de poursuivre des études supérieures ou non, les étudiants doivent peser les coûts que représente dans leur perception le fait qu'ils renoncent à des revenus actuels par rapport aux avantages qu'ils perçoivent d'une instruction plus poussée. Le coût d'opportunité, dans ce contexte, est le flux de revenu auquel les étudiants renoncent en allant à l'université au lieu de travailler. Les revenus générés par les étudiants récemment diplômés du secondaire ayant pris un emploi à plein temps sont un bon indicateur indirect de la valeur de ce coût d'opportunité. Le coût d'opportunité de l'enseignement supérieur pèse généralement plus lourd sur les ménages pauvres parce que la contribution des diplômés du secondaire (en termes de pourcentage et non en termes absolus) aux revenus du ménage en général est plus élevée que dans les ménages plus riches (figure 4.6).

En général, un niveau d'instruction plus élevé s'accompagne d'une augmentation des revenus, l'augmentation devenant plus forte chez les diplômés du second cycle du secondaire et du tertiaire. Dans de nombreux pays, la prime salariale des diplômés du second cycle du secondaire est élevée et ils gagnent 100 à 150 % plus que des personnes sans instruction. Cependant, les marchés de l'emploi en ASS sont nombreux à ne pas avoir de mécanisme adapté pour évaluer la valeur des compétences et du mérite sur le marché. Cette lacune sape la valeur des diplômes de l'enseignement supérieur sur le marché. Au Cameroun, en Côte d'Ivoire et en Ouganda, par exemple, les travailleurs diplômés du tertiaire ne gagnent pas significativement plus que ceux qui ont terminé leurs études du second cycle du secondaire. En Ouganda, les diplômés du tertiaire gagnent moins que ceux du second cycle du secondaire. En Sierra Leone, les travailleurs ayant fait des études primaires peuvent gagner plus que ceux ayant achevé l'école secondaire. Bien que la prime salariale des diplômés du tertiaire en Sierra Leone soit beaucoup plus importante, les faibles rendements des niveaux d'études intermédiaires font que les étudiants répugnent à poursuivre leurs études.

Figure 4.6 Éducation et revenu privé

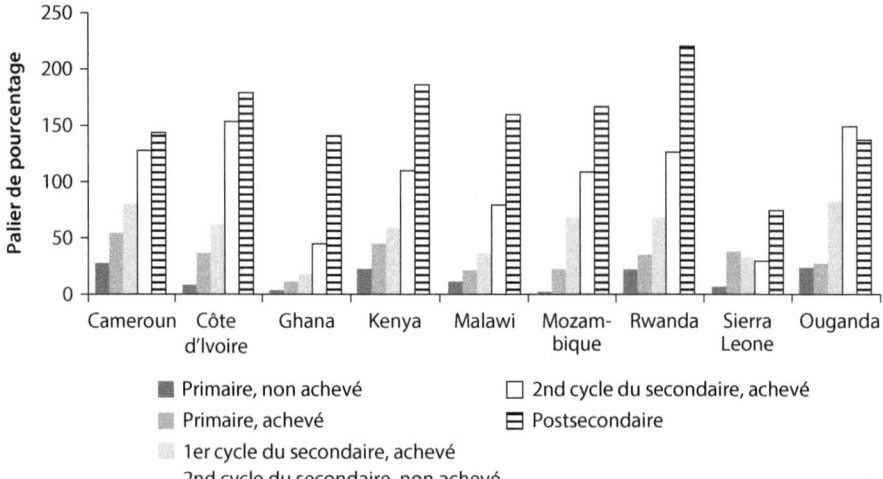

Source : Brooks et al. 2014.
Note : Moyenne simple des ménages dans des enquêtes standardisées et harmonisées auprès des ménages et de la main-d'œuvre. Basée sur une régression du salaire horaire (en logarithmes) par niveau d'instruction, corrigée pour tenir compte de l'âge, du sexe et du milieu de travail (urbain ou rural). La figure présente les salaires horaires des travailleurs selon leur niveau d'instruction (par opposition aux travailleurs sans instruction). La variable dépendante est en (salaire/heure), déterminée à partir des données des sept derniers jours. Les salaires ont été corrigés pour tenir compte de l'indice des prix à la consommation locale (2005 = 100) et de la parité du pouvoir d'achat. Cette variable dépendante a été traitée avec les variables nominales du niveau d'éducation énumérées ci-dessus et la variable nominale « sans instruction » a été éliminée. Le salaire moyen des personnes sans instruction ayant été normalisé à zéro, les salaires indiqués ne sont pas absolus, mais sont présentés pour comparaison aux travailleurs sans instruction. Travailleurs âgés de 20 à 64 ans.

Dépenses publiques

Malgré des produits intérieurs bruts (PIB) par habitant faibles dans l'ensemble, les pays d'Afrique sont généralement parvenus à allouer systématiquement des ressources en appui à l'éducation supérieure (figure 4.7). Entre 1998 et 2012, les pays d'ASS ont alloué en moyenne 0,8 % de leur PIB et environ 18,5 % de leurs dépenses publiques courantes à l'éducation supérieure.

Les pays à revenu faible et à revenu intermédiaire de la tranche inférieure consacrent généralement une part relativement plus importante de leur budget d'éducation total à l'enseignement primaire, en appui aux efforts pour la réalisation de l'Objectif du millénaire pour le développement (OMD) d'universalité de l'éducation de base. Néanmoins, certains pays allouent une part disproportionnément importante de leurs dépenses totales en éducation à l'enseignement supérieur. Au Burkina Faso, en République centrafricaine, en Guinée, au Mali, au Sénégal et en Tanzanie, où l'OMD d'accès universel à l'éducation de base est loin d'être réalisé, plus de 20 % des dépenses totales en éducation sont consacrées à l'enseignement supérieur. Les pays à revenu intermédiaire de la tranche supérieure en ASS affectent généralement une part moindre du total de leurs dépenses d'éducation à l'enseignement primaire.

Équité des opportunités

Figure 4.7 Part des dépenses publiques par cycle d'enseignement

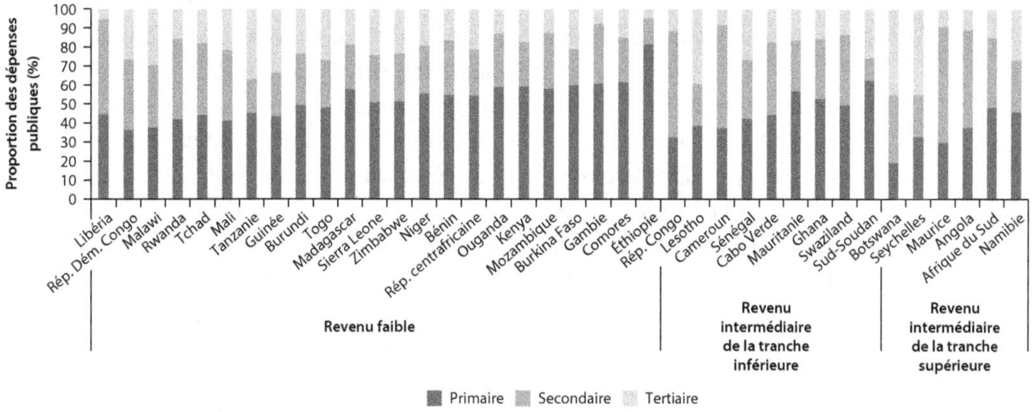

Source : Statistiques sur l'éducation de la Banque mondiale.

Un rapport récent sur les OMD (CEA et al. 2014) indique que si les pays du continent africain sont nombreux à être en bonne voie de réaliser la cible de l'OMD pour la scolarisation au primaire, il reste beaucoup à faire si l'on veut atteindre ces objectifs. Vingt-cinq pays ont à présent atteint des taux de scolarisation nets supérieurs ou égaux à 80 %, mais les taux d'achèvement du primaire restent relativement faibles. Dans 28 % des pays pour lesquels des données sont disponibles, le taux d'achèvement est inférieur à 60 %. En outre, environ 22 % des enfants d'âge primaire ne sont pas scolarisés et un tiers des élèves du primaire abandonnent l'école sans avoir acquis les connaissances de base en lecture et en mathématiques. Malgré d'importants progrès vers la réalisation de l'objectif d'universalité de la scolarisation au primaire, il reste beaucoup à faire pour que les avantages de l'éducation de base bénéficient à tous les enfants de la région.

Les niveaux actuels de dépenses publiques pour l'enseignement supérieur dans la région ne suffisent pas pour soutenir une expansion qui réponde à une demande grandissante. Compte tenu de l'ampleur des besoins non satisfaits dans les cycles inférieurs de l'enseignement et dans d'autres secteurs sociaux, tels que la santé et la protection sociale, l'espace budgétaire pour améliorer le financement en appui au secteur tertiaire est très restreint. Le rapport sur le financement de l'enseignement supérieur en Afrique (*Financing Higher Education in Africa*) a abouti à la conclusion que dans un contexte où la capacité du financement public est déjà sollicitée à l'extrême, la demande en enseignement supérieur en ASS croît à un rythme significativement plus rapide que la capacité à financer une offre améliorée (Experton et Fevre 2010). Si le montant des dépenses publiques courantes consacrées au secteur de l'enseignement supérieur a doublé entre 1991 et 2006, augmentant à un taux annuel moyen de 6 % par an, l'effectif total dans le secteur a triplé à partir d'un niveau de 2,7 millions en 1991 sur la même période, à un taux de croissance annuel moyen de 16 %.

Les coûts unitaires élevés (dépenses par étudiant) associés à l'offre d'enseignement supérieur viennent davantage exacerber les contraintes financières. D'un point de vue régional, l'ASS détient le ratio coût unitaire de l'enseignement supérieur-coût unitaire de l'enseignement primaire (cherté de l'enseignement supérieur comparée à l'enseignement primaire) le plus élevé au monde (figure 4.8). En général, le coût de formation d'un diplômé universitaire en ASS équivaut au coût d'instruction de 14,5 élèves du primaire, contre 2,2 dans le reste du monde. Les dépenses en appui à chaque étudiant inscrit dans l'enseignement supérieur au Tchad, au Kenya, au Swaziland et en Zambie, par exemple, équivalent à 150 % du PIB par habitant ; et dans aucun pays d'ASS, les dépenses encourues pour la scolarité primaire d'un étudiant ne dépassent 24 % du PIB par habitant. Dans les pays à faible revenu d'ASS, le coût unitaire moyen de l'enseignement supérieur est 26,6 fois supérieur à celui de l'enseignement primaire. Dans le cas extrême du Malawi, les dépenses publiques par étudiant du tertiaire sont 225 fois supérieures à celles d'un élève inscrit au primaire.

L'ASS est la seule région au monde où les dépenses publiques par étudiant en appui à l'enseignement supérieur sont allées en diminuant. Cependant, la baisse de ces dépenses ne résulte pas d'une plus grande efficience des systèmes du continent mais plutôt d'un contexte d'austérité croissante dans le milieu universitaire. Dans certains pays, le nombre de lits disponibles dans les foyers universitaires est devenu un facteur d'admission, entre autres pratiques. À cause du régime d'austérité, les effectifs par classe sont devenus pléthoriques, le ratio étudiants-enseignant est en hausse, l'accès des étudiants aux ordinateurs et aux équipements de laboratoire est limité, les infrastructures se détériorent et la recherche universitaire bénéficie de moins d'appui. Une étude récente de la

Figure 4.8 Dépenses publiques par étudiant du tertiaire par rapport aux coûts d'enseignement d'un élève au primaire, ASS et pays ayant un profil similaire

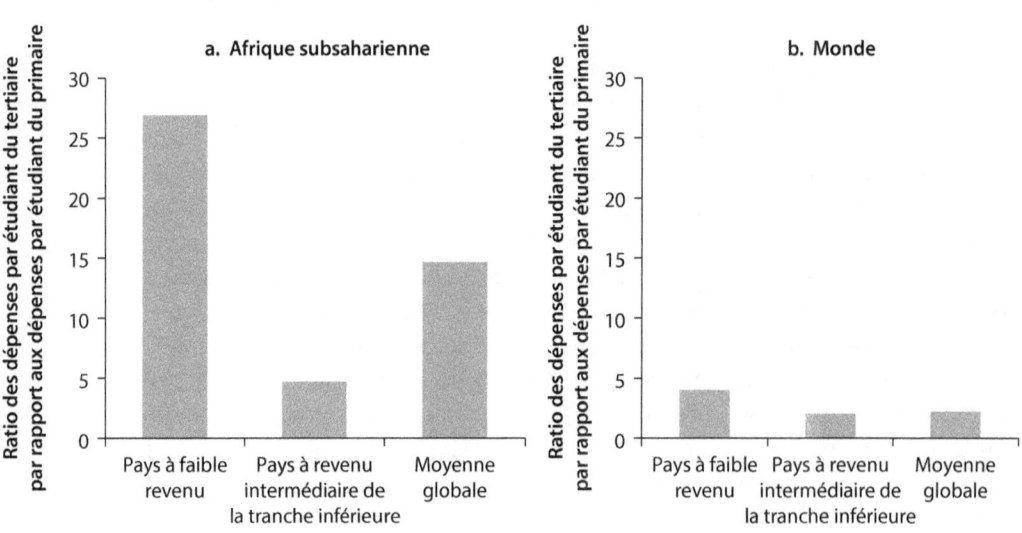

Source : Données de l'ISU.

Équité des opportunités

Banque mondiale a indiqué l'ampleur de la pression subie par les infrastructures dans la région : dans une analyse des infrastructures du tertiaire public d'une capacité nominale de 100 étudiants, l'effectif moyen réel était de 350 en 2007 au Bénin, de 220 en 2006 au Cameroun et de 260 en 2007 en République centrafricaine (Experton et Fevre 2010).

La figure 4.9 montre que les pays ayant des systèmes d'enseignement supérieur relativement plus développés présentaient des dépenses publiques courantes par étudiant du tertiaire plus faibles que par élève du primaire. Les coûts unitaires élevés associés à l'enseignement supérieur en ASS ont restreint l'expansion des systèmes et ont limité les efforts de rattrapage des autres régions.

À cause d'inefficiences dans les pratiques et les systèmes de gestion, les maigres ressources sont détournées du financement d'interventions, qui auraient permis de réaliser les objectifs d'amélioration de l'accès, d'offre d'une éducation de qualité et d'amélioration de la pertinence de l'enseignement supérieur (Salmi et al. 2002). Les dépenses récurrentes constituaient plus de 90 % du total des dépenses en appui à l'enseignement supérieur dans 18 des 27 pays pour lesquels des données étaient disponibles en 2012 (figure 4.10). La part des dépenses publiques affectée aux salaires va de 17,5 % au Rwanda à plus de 90 % en République démocratique du Congo (figure 4.11). Plus la proportion du total des dépenses affectées aux salaires est élevée, plus la part des ressources disponibles pour appuyer d'autres interventions, comme le financement de l'aide financière aux étudiants issus de milieux défavorisés, est faible. Dans de nombreux systèmes, une fois qu'une embauche est approuvée,

Figure 4.9 Ratio dépenses publiques courantes par étudiant du tertiaire-dépenses publiques courantes par élève du primaire, ASS versus pays autres que d'ASS

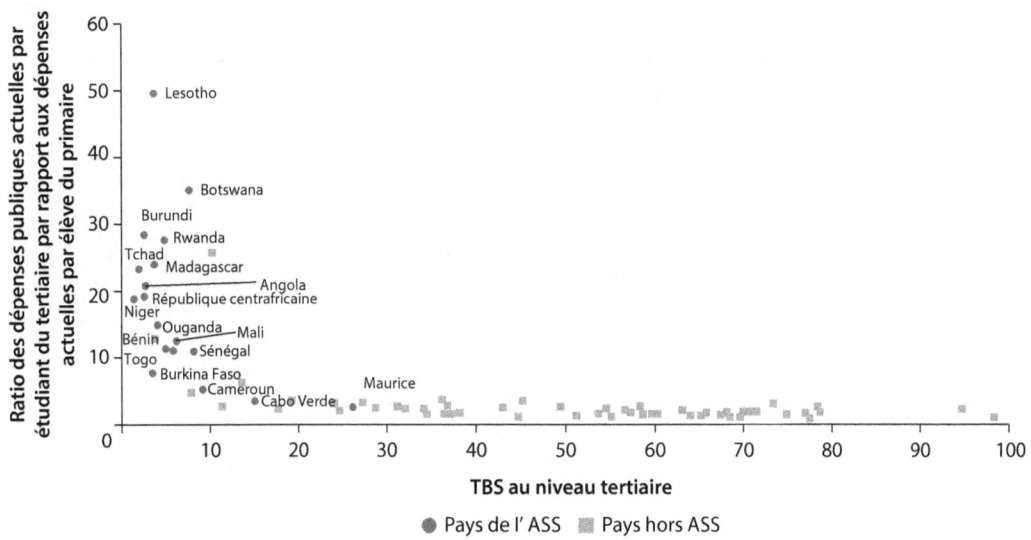

Source : UNESCO 2011.
Note : TBS = taux brut de scolarisation ; ASS = Afrique subsaharienne ; UNESCO = Organisation des Nations unies pour l'éducation, la science et la culture.

Figure 4.10 Dépenses récurrentes en tant que pourcentage des dépenses totales dans les institutions tertiaires publiques

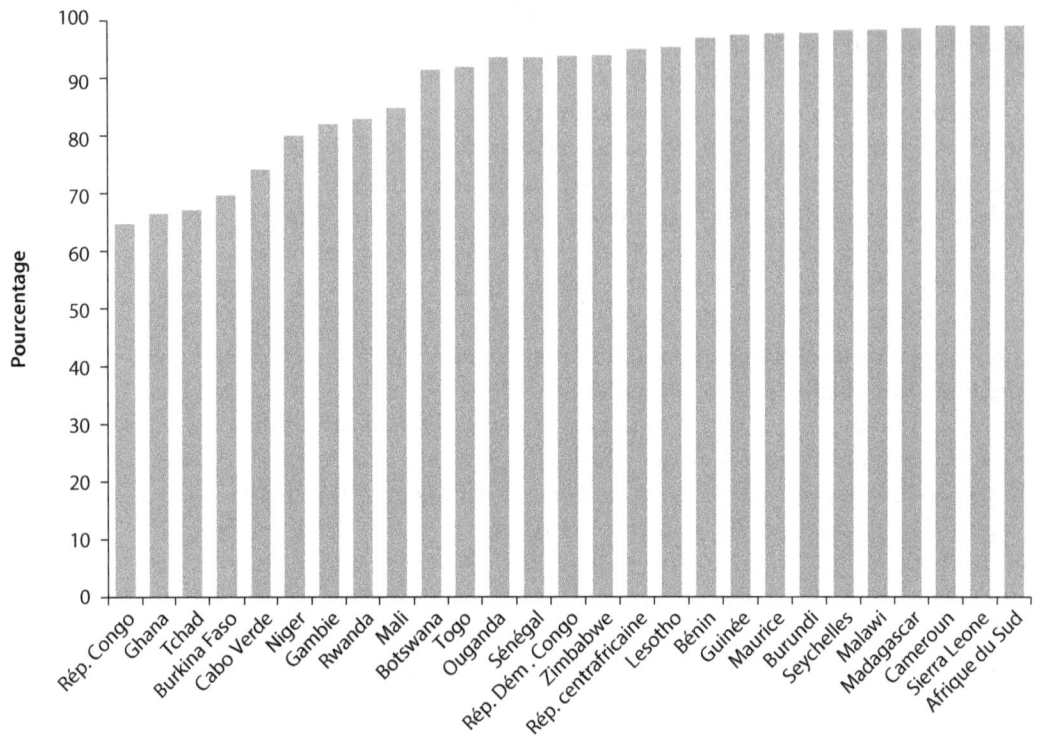

Source : Données de l'ISU.
Note : ISU = Institut de statistique de l'Organisation des Nations Unies pour l'éducation, la science et la culture.

Figure 4.11 Salaires totaux en tant que pourcentage des dépenses totales dans les institutions tertiaires publiques, échantillon de pays de l'ASS

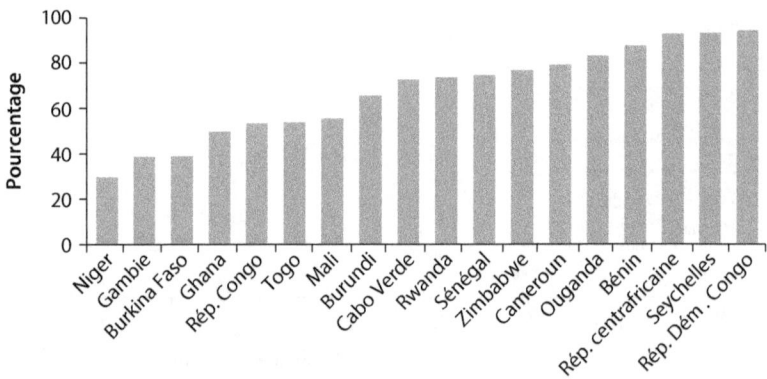

Source : Données de l'ISU.
Note : Les données datent de 2012 ou de la dernière année pour laquelle des données sont disponibles. ASS = Afrique subsaharienne ; ISU = Institut de statistique de l'Organisation des Nations Unies pour l'éducation, la science et la culture.

Enseignement supérieur et équité en Afrique subsaharienne
http://dx.doi.org/10.1596/978-1-4648-1266-8

Équité des opportunités

le paiement du salaire associé relève de la responsabilité du gouvernement. Ces systèmes ne prévoient aucune mesure incitative pour amener les institutions à lancer des réformes administratives ni à améliorer l'efficience de leur masse salariale.

Par le passé, les gouvernements de l'ASS ont été nombreux à prendre en charge le coût des études supérieures des étudiants à l'étranger, ce qui a causé des problèmes d'équité et une perte de talents. Ces programmes détournent les ressources déjà rares de l'expansion des systèmes locaux d'enseignement supérieur et n'ont traditionnellement bénéficié qu'à un petit groupe d'étudiants très doués ou ayant de bonnes relations. Les personnes ayant reçu une bourse étrangère pour leurs études supérieures sont nombreuses à ne jamais revenir, privant leur pays de compétences et de connaissances qui ont été développées avec l'argent public. Beaucoup considèrent la « fuite de cerveaux » qui s'ensuit comme étant le plus grand défi au développement. Le phénomène de la fuite de cerveaux implique aussi un coût financier considérable : selon les estimations, à titre d'exemple, l'ASS dépenserait 4 milliards de dollars par an pour financer les salaires d'environ 100 000 expatriés occidentaux, qui aident à combler le déficit d'offre de professionnels (Teichler et Yagci 2009).

Au cours des dernières années, les dépenses publiques en appui aux études étrangères ont diminué et les gouvernements devraient réduire davantage les fonds alloués aux bourses d'études à l'étranger. Le ratio entre les étudiants à l'étranger et ceux inscrits dans les établissements d'enseignement supérieur nationaux, également connu sous le nom de rapport de mobilité vers les pays étrangers, a baissé de 6 % en 2003 à 4,5 % en 2012 (figure 4.12). Néanmoins,

Figure 4.12 Rapport de mobilité vers les pays étrangers, 2013

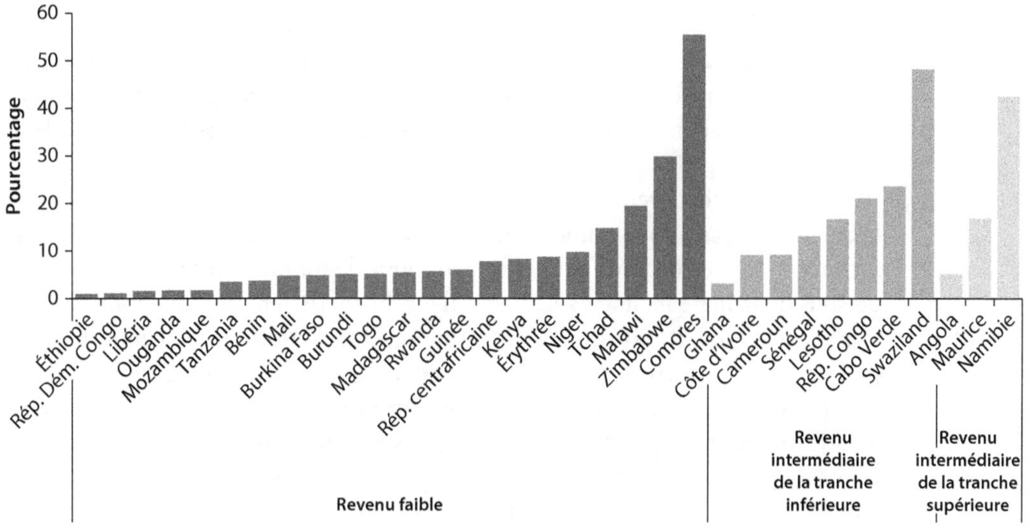

Source : Données de l'ISU.
Note : ISU = Institut de statistique de l'Organisation des Nations Unies pour l'éducation, la science et la culture.

le rapport de mobilité vers les pays étrangers actuel de l'ASS représente encore le double de la moyenne mondiale de 1,8 % et le quadruple de celui de l'Asie du Sud et de l'Ouest.

Analyse de l'incidence des avantages

L'argument avancé pour justifier la subvention de l'enseignement supérieur par l'Etat est que, sur des marchés imparfaits tels que ceux existant dans de nombreux pays d'ASS, les gens ont tendance à sous-investir dans l'enseignement supérieur lorsqu'ils n'ont pas la capacité d'en évaluer correctement les coûts et les avantages. Par ailleurs, sans une subvention publique, les familles des étudiants qualifiés mais pauvres risquent de ne pas être en mesure d'emprunter pour financer les études de leurs enfants. Dans les systèmes où l'enseignement supérieur est essentiellement financé par le gouvernement et où il n'y a pas un enseignement supérieur privé suffisamment développé, l'inéquité se perpétue lorsque : i) la participation à l'enseignement supérieur est faible ; ii) les enfants des riches et des puissants bénéficient de façon disproportionnée du rationnement de l'enseignement supérieur gratuit grâce à leur accès à de meilleures écoles dans les cycles d'enseignement pré-tertiaire, à leur plus grand accès à des modèles issus du milieu universitaire et à d'autres formes de capital culturel ; et iii) la distribution des impôts utilisés pour appuyer un enseignement supérieur « gratuit » est proportionnelle, voire régressive sur l'ensemble des contribuables, en termes de richesse relative (Johnstone 2004).

La courbe de Lorenz est un moyen d'illustrer l'inéquité dans la distribution des dépenses publiques en appui à l'enseignement supérieur. Elle montre la distribution des ressources affectées au sein d'une population donnée selon leur niveau de revenu. Si la distribution des ressources sur l'ensemble des membres d'une population est égale, la courbe de Lorenz est une ligne droite inclinée à un angle de 45°. Les courbes de Lorenz à la figure 4.13 montrent que la distribution des dépenses publiques pour l'enseignement supérieur au Ghana, au Malawi, au Mali, au Rwanda, en Tanzanie et en Ouganda est inéquitable. Au Rwanda, plus de 80 % des dépenses publiques pour l'enseignement supérieur sont absorbées par 20 % de la population.

La courbe de Lorenz permet de faire ressortir le coefficient de Gini pour l'éducation, ayant pour numérateur la zone située entre l'égalité parfaite (ligne inclinée à 45°) et la courbe de Lorenz et pour dénominateur la zone située en-dessous de la ligne inclinée à 45°. La valeur du coefficient de Gini pour l'éducation va de 0 à 1, 0 correspondant à une égalité parfaite et 1 à une inégalité parfaite. Une analyse des coefficients de Gini sur les cycles d'enseignement allant du primaire au tertiaire indique l'importance de l'impact qu'une plus grande orientation pro-pauvre des dépenses génère en appui à l'éducation de base. Les coefficients de Gini pour l'enseignement primaire compilés au tableau 4.2 tendent vers 0 ; toutefois, l'inéquité augmente avec chaque cycle d'enseignement et c'est l'enseignement supérieur qui enregistre les niveaux d'inégalité les plus élevés.

Figure 4.13 Courbes de Lorenz pour l'incidence des dépenses publiques dans l'enseignement supérieur au Ghana, au Mali, au Rwanda, en Tanzanie et en Ouganda

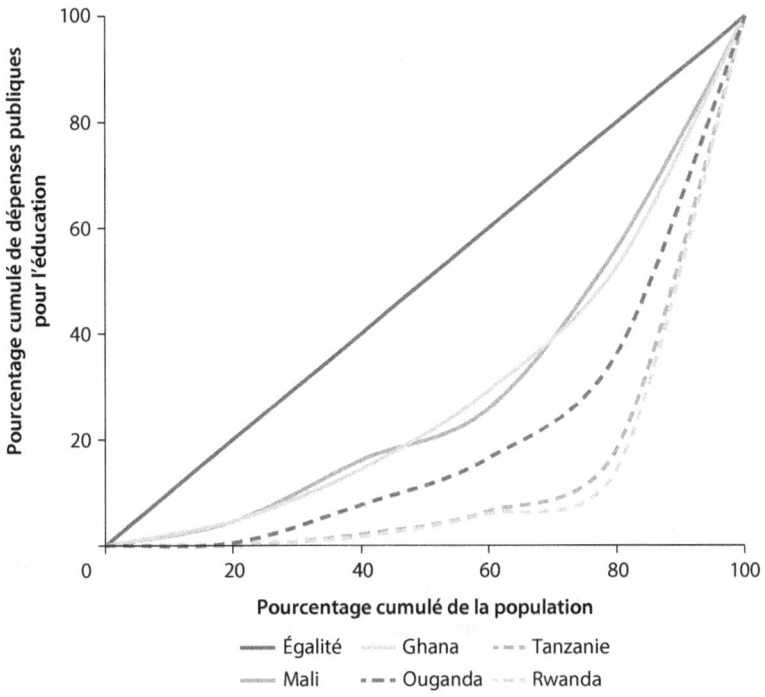

Note : Les données datent de 2011 ou de la dernière année pour laquelle des données sont disponibles.

Tableau 4.2 Coefficients de Gini pour l'éducation au Ghana, au Mali, en Tanzanie et au Malawi

Cycle de l'enseignement	Ghana (2013)	Mali (2013)	Tanzanie (2011)	Malawi (2011)
Tertiaire	0,41	0,40	0,69	0,74
Second cycle du secondaire	0,23	0,35	0,38	0,52
Premier cycle du secondaire	0,08	0,12	—	0,32
Primaire	0	0	0,13	0

Source : Données de l'ENMV.
Note : — = non disponible.

Politiques d'admission dans le tertiaire

L'héritage colonial est manifeste dans les différents systèmes d'admission en usage dans les pays francophones et anglophones. Pour différentes raisons, les écoles coloniales françaises étaient généralement plus élitistes (Gifford et Weiskel 1971). L'enseignement dans les pays francophones se faisait en langue française, alors que les Britanniques utilisaient plus couramment les langues vernaculaires pour enseigner dans leurs systèmes d'éducation. Les colonies françaises dispensaient l'éducation à titre gratuit, ce qui a entraîné une concentration des dépenses dans un nombre restreint d'écoles. L'éducation dans les colonies françaises était séculaire en vertu de la loi, tandis que les administrations britanniques encourageaient et subventionnaient les écoles de missionnaires. Ces facteurs, ainsi que d'autres ont donné lieu à des systèmes éducatifs relativement décentralisés et laissant une plus grande marge de manœuvre aux langues et aux religions locales dans les pays anglophones. De l'autre côté, le système scolaire colonial français était conçu pour éduquer une petite élite, disproportionnément concentrée dans la capitale coloniale ou dans d'autres centres urbains, et non à institutionnaliser l'éducation de masse. Le système colonial français a aussi exercé des contrôles plus stricts sur les programmes d'enseignement, la gestion scolaire et l'utilisation de la langue d'instruction et l'État a été le fournisseur quasi-exclusif (et coûteux) de services d'éducation (Cogneau et Moradi 2014).

Les systèmes francophones contemporains sont hautement sélectifs dans les cycles pré-tertiaires. Toutefois, une fois qu'un étudiant obtient un baccalauréat, le diplôme sanctionnant la fin du secondaire, il a le droit de rejoindre le cycle tertiaire et d'y bénéficier de subventions généreuses du gouvernement. À l'exception de quelques universités de premier cycle, qui limitent l'admission des étudiants et des établissements ayant un processus d'admission soumis à un concours, telles que l'Université de Niamey au Niger et l'Université d'Antananarivo à Madagascar, les établissements d'enseignement supérieur dans les systèmes francophones ne mettent généralement en oeuvre aucun système de sélection à l'admission (Gioan 2008).

Par opposition, les pays anglophones ont généralement des politiques de sélection à l'admission à l'enseignement supérieur. Au Libéria, par exemple, l'admission est exclusivement basée sur la performance d'un étudiant aux examens du Conseil des examens de l'Afrique de l'Ouest pour la classe de terminale et aux examens d'entrée à l'université.

En revanche, les politiques d'admission basées sur le mérite ne tiennent généralement pas compte du milieu socioéconomique des étudiants, l'hypothèse étant que le mérite permettra aux étudiants doués, issus de milieux défavorisés de se frayer un chemin dans le système. En pratique, ces politiques d'admission bénéficient de façon disproportionnée aux étudiants issus de familles urbaines et riches. Atuahene et Ansah (2013) démontrent, par exemple, qu'au Ghana les étudiants qui ont fréquenté l'une des écoles secondaires les mieux classées du pays (ayant un corps enseignant de qualité et étant comparativement mieux équipées) ont généralement une performance meilleure que celle de leurs pairs, qui ont été scolarisés dans les régions rurales et historiquement défavorisées du pays (écoles plus susceptibles d'avoir des intrants et des installations scolaires sous-optimaux).

Des pays, tels que le Ghana, le Kenya et l'Ouganda ont mis en œuvre une politique d'admission mixte qui prévoit à la fois le paiement de droits et les subventions. Dans de tels contextes, un candidat qui remplit les conditions de base d'entrée dans l'enseignement supérieur, mais n'a pas été admis au programme universitaire au titre du concours peut s'inscrire dans une université publique en tant qu'étudiant payant. Compte tenu de la forte corrélation entre la performance académique dans les cycles d'enseignement pré-tertiaire et la richesse du ménage d'origine, il est peu probable que le plus grand nombre des étudiants issus des milieux moins privilégiés bénéficient de cette approche.

Un autre facteur qui affecte de manière disproportionnée les étudiants issus des ménages pauvres est le manque d'informations d'accès facile sur les processus d'admission, le choix de programme et le rendement comparatif des programmes d'études supérieures sur le marché du travail. Ajayi (2013) montre qu'au Ghana, lorsque les élèves du primaire ont la possibilité de postuler à un nombre donné d'écoles secondaires avant de connaître leurs notes à l'examen, les étudiants provenant d'écoles primaires à faible performance sont plus susceptibles de restreindre leur choix aux écoles proches de leur domicile. La probabilité pour eux d'avoir une école secondaire à forte performance élevée dans leur district d'origine est également moindre. Une analyse du système d'admission dans le tertiaire kenyan indique que les enfants et les parents commettent des erreurs de jugement lors du processus de sélection parce qu'ils n'ont que des informations limitées sur la qualité des collèges et leurs processus d'admission. Il faut noter que ces contraintes d'information sont plus marquées chez les étudiants issus de milieux défavorisés (Glennerster et al. 2011). Une analyse comparative des études de cas de sept universités d'Afrique de l'Est a souligné une certaine coupure entre les écoles secondaires et les universités publiques, ce qui fait qu'il n'y pas de partage d'informations sur les admissions et les programmes et la préparation des nouveaux étudiants, et les étudiants des écoles secondaires en milieu rural sont relativement plus susceptibles de ne pas être informés (Griffin 2007). Les étudiants qui n'ont pas été suffisamment informés du lien qui existe entre le programme d'études qu'ils choisissent et le rendement de celui-ci sur le marché sont plus susceptibles d'abandonner leurs études supérieures.

Notes

1. Calculé en tant que rapport entre le nombre moyen d'années d'études entre les 20 % de la population la plus riche et le nombre moyen d'années d'études des 80 % restants de la population.
2. Les années de préscolaire ne sont pas comptabilisées en tant qu'années d'études.
3. Moyenne simple.

Références

Addae-Mensah, I. 2000. *Education in Ghana: A Tool for Social Mobility or Social Stratification?* J. B. Danquah Memorial Lectures. Accra: Ghana Academy of Arts and Sciences.

Ajayi, K. F. 2013. "School Choice and Educational Mobility: Lessons from Secondary School Applications in Ghana." IED Working Paper. http://people.bu.edu/kajayi/Ajayi_EducationalMobility.pdf.

Atuahene, F., and A. Owusu-Ansah. 2013. "A Descriptive Assessment of Higher Education Access, Participation, Equity, and Disparity in Ghana." *SAGE Open*. July–August. 1–16. http://journals.sagepub.com/doi/pdf/10.1177/2158244013497725.

Blaug, M. 1992. "The Overexpansion of Higher Education in the Third World." In *Equity and Efficiency in Economic Development: Essays in Honour of Benjamin Higgins*, edited by D. J. Savoie and I. Brecher, 232–44. Montreal: McGill–Queen's University Press.

Brooks, K. M., D. P. Filmer, M. L. Fox, A. Goyal, T. A. Mengistae, P. Premand, D. Ringold, Sharma, and S. Zorya. 2014. *Youth Employment in Sub-Saharan Africa*. Washington, DC: World Bank.

Burgess, R. S. 1997. "Fiscal Reform and the Extension of Basic Health and Education Coverage." In *Marketizing Education and Health in Developing Countries*, edited by C. Colclough. New York: Clarendon Press, Oxford University Press.

Causa, O., and A. Johansson. 2009. *Intergenerational Social Mobility*. Paris: OECD Publishing.

Cogneau, D., and A. Moradi. 2014. "Borders That Divide: Education and Religion in Ghana and Togo since Colonial Times." *Journal of Economic History* 74 (3): 694–729.

Curtin, T. 2000. "All Taxes Are Graduate Taxes: How the Tax System Delivers Automatic Recovery of Government Spending on Higher Education." *The Round Table* 89 (356): 479–91.

Experton, William, and Chloe Fevre. 2010. *Financing Higher Education in Africa*. Directions in Development Series. Washington, DC: World Bank.

Foko, B., B. K. Tiyab, and G. Husson. 2012. *Household Education Spending: An Analytical and Comparative Perspective for 15 African Countries*. Dakar: UNESCO/Dakar and Pôle de Dakar.

Gifford, P., and T. C. Weiskel. 1971. "African Education in a Colonial Context: French and British Styles." In *France and Britain in Africa, Imperial Rivalry and Colonial Rule* edited by P. Gifford, and W. R. Louis, 663–711. New Haven, CT: Yale University Press.

Gioan, A. P. 2008. *Higher Education in Francophone Africa: What Tools Can Be Used to Support Financially-Sustainable Policies?* Washington, DC: World Bank.

Glennerster, R. E, M. Kremer, I. Mbiti, and K. Takavarasha. 2011. *Access and Quality in the Kenyan Education System: A Review of the Progress, Challenges and Potential Solutions*. Nairobi: Office of the Prime Minister of Kenya.

Griffin, A.-M. 2007. *Educational Pathways in East Africa: Scaling a Difficult Terrain*. Kampala: Association for the Advancement of Higher Education and Development (AHEAD).

Johnstone, D. B. 2003. "Cost-Sharing in Higher Education: Tuition, Financial Assistance, and Accessibility in a Comparative Perspective." *Czech Sociological Review* 39 (3): 351–74.

———. 2004. "Cost-Sharing and Equity in Higher Education: Implications of Income Contingent Loans." *Higher Education Dynamics* 6: 37–59.

Johnstone, D. B., and P. Marcucci. 2010. *Financially Sustainable Student Loan Programs: The Management of Risk in the Quest for Private Capital*.

Salmi, J., B. Millot, D. Court, M. Crawford, P. Darvas, F. Golladay, L. Holm-Nielsen, R. Hopper, A. Markov, P. Moock, H. Mukherjee, W. Saint, S. Shrivastava, F. Steier, and R. van Meel. 2002. *Constructing Knowledge Societies*. Directions in Development Series. Washington, DC: World Bank.

Teichler, U., and Y. Yagci, Y. 2009. "Changing Challenges of Academic Work: Concepts and Observations." In *Higher Education, Research and Innovation: Changing Dynamics*, edited by V. L. Meek, U. Teichler, and M. Kearney, 85–145. Kassel, Germany: International Centre for Higher Education Research.

Tonheim, Milfrid, and Frank Matose. 2013. "South Africa: Social Mobility for a Few?" NOREF Report, Norwegian Peacebuilding Resource Centre, Oslo, October.

UIS (United Nations Educational, Scientific and Cultural Organization Institute for Statistics). 2012. "Reaching Out-of-School Children Is Crucial for Development." *Education for All Global Monitoring Report*, Policy Paper 04, UNESCO, Paris.

UNECA (United Nations Economic Commission for Africa), African Union, African Development Bank, and United Nations Development Programme. 2014. *MDG Report 2014: Assessing Progress in Africa toward the Millennium Development Goals*. Addis Ababa: UNECA, African Union, African Development Bank, and United Nations Development Programme.

UNESCO (United Nations Educational, Scientific, and Cultural Organization). 2011. *Financing Education in Sub-Saharan Africa: Meeting the Challenges of Expansion, Equity and Quality*. Montreal: UNESCO Institute for Statistics.

UNICEF (United Nations Children's Fund). 2015. *The Investment Case for Education and Equity*. New York: UNICEF.

CHAPITRE 5

Équité des résultats

Principaux points

- L'enseignement supérieur génère d'importants avantages sur et hors du marché du travail pour les personnes aussi bien que la société.
- L'enseignement supérieur est le cycle de l'enseignement, qui génère le rendement privé le plus élevé.
- La recherche indique que le rendement de l'enseignement est généralement plus élevé chez les travailleuses que chez les travailleurs.
- En général, le rendement public de l'enseignement est inférieur au rendement privé parce qu'il y a des coûts publics à prendre en compte. Les rendements sociaux et leur source sont difficiles à mesurer et à déterminer.
- La mesure dans laquelle les étudiants issus des ménages comparativement pauvres jouissent des avantages de l'enseignement supérieur varie considérablement d'un pays à un autre. Cependant, ce sont aussi les étudiants issus de ménages relativement pauvres, qui sont susceptibles de tirer le plus parti de l'enseignement supérieur.

Les chapitres précédents ont montré comment : i) les diverses formes d'exclusion contribuent à de faibles taux de promotion dans les cycles d'enseignement pré-tertiaire, comme en témoigne le fait que les étudiants sont nombreux à ne pas parvenir à satisfaire aux conditions requises pour intégrer l'enseignement supérieur ; ii) le coût élevé des dépenses associées à la poursuite d'études supérieures, y compris les frais de scolarité, les frais de subsistance et les coûts d'opportunité, peut s'avérer prohibitif ; iii) le ciblage sous-optimal des subventions publiques à l'enseignement supérieur bénéficie de façon relativement disproportionnée aux étudiants riches ; et iv) les asymétries d'information concernant les avantages (et les coûts) de l'enseignement supérieur empêchent de nombreux étudiants d'optimiser leurs choix d'investissement en éducation. Ce chapitre traite de ce qui arrive après que les étudiants du tertiaire obtiennent leur diplôme et s'attache à expliquer les disparités de résultats à travers les cadres d'analyse suivants : i) rendement privé, public et social de l'enseignement supérieur et ii) impact de l'enseignement supérieur sur la mobilité sociale.

Rendement privé de l'enseignement supérieur

L'accès à l'enseignement supérieur génère d'importants rendements privés. L'analyse présentée dans ce chapitre suggère que les diplômés du tertiaire ont généralement accès à de meilleures perspectives d'emploi et à des revenus plus élevés. L'estimation mincerienne des taux de rendement privé de l'éducation est la méthode la plus courante pour mesurer les avantages que le niveau d'instruction d'une personne lui apporte. Dans cette estimation, l'augmentation des revenus d'une personne associée à chaque année d'études ou cycle de l'enseignement est comparée à celle des coûts associés à ces années d'études ou cycles d'enseignement. En général, les travailleurs ayant fait plus d'études ont des revenus plus élevés. La formule utilisée tient compte de l'ensemble des coûts privés (gains auxquels la personne a renoncés ou coûts d'opportunités et coût directs, tels que les frais de scolarité ou les droits) et les avantages privés (gains après impôts).

Au cours des quatre dernières décennies, un corpus de connaissances grandissant sur l'étude empirique des tendances du rendement estimatif de l'éducation dans les économies en développement s'est constitué (tableau 5.1). Un rapport récent de la Banque mondiale par Montenegro et Patrinos (2014) conclut que dans les économies d'Afrique subsaharienne (ASS) :

- Le rendement de l'enseignement primaire et tertiaire est très élevé. Celui du secondaire est considérable, mais moindre.

Tableau 5.1 Rendement moyen des études par cycle d'enseignement et sexe

Région	Total			Masculin			Féminin			N° pays
	Primaire	Secondaire	Tertiaire	Primaire	Secondaire	Tertiaire	Primaire	Secondaire	Tertiaire	
Asie de l'Est	13,6	5,3	14,8	12,6	5,8	15,0	9,5	6,4	15,8	13
Europe et Asie centrale	13,9	4,7	10,3	12,1	4,2	9,8	11,9	6,4	12,2	20
Amérique latine	7,8	5,4	15,9	7,9	5,3	15,7	8,7	6,5	17,4	23
Moyen-Orient et Afrique du Nord	16,0	4,5	10,5	12,7	4,3	10,2	21,4	7,4	13,5	10
Asie du Sud	6,0	5,0	17,3	4,7	3,9	16,6	4,8	6,2	23,3	7
Afrique subsaharienne	14,4	10,6	21,0	12,5	10,1	21,0	17,5	12,7	21,3	33
Pays à faible revenu	13,4	9,2	10,7	8,1	16,3	15,7	14,7	11,7	15,7	34
Toutes économies confondues	11,5	6,8	14,6	10,1	6,7	14,4	13,2	8,2	16,1	139

Source : Montenegro et Patrinos 2014.
Note : Les données se rapportent à la période considérée la plus récente dans chaque pays.

Équité des résultats

- Le rendement de l'éducation est plus élevé dans les économies à faible revenu que dans les économies à revenu élevé.
- Le rendement estimatif de l'éducation est plus élevé chez les femmes que chez les hommes, en particulier en ASS.
- Si les niveaux d'instruction moyens sont en hausse, le rendement de l'éducation a légèrement baissé dans le temps, suggérant des augmentations parallèles de la demande nette en compétences et de l'offre nette de compétences.

Les chercheurs sont nombreux à s'accorder sur le fait que les diplômés du tertiaire en ASS jouissent d'un rendement privé plus important que leurs pairs des autres régions (voir encadré 5.1). Montenegro et Patrinos (2014) indiquent, qu'au cours des deux dernières décennies, les gains des diplômés du tertiaire de pays, tels que le Burkina Faso, le Ghana, Madagascar, le Malawi et l'Afrique du Sud ont systématiquement augmenté. Ce résultat est lié au fait que l'offre de diplômés du tertiaire ne suffit pas à satisfaire à la demande grandissante du marché pour les compétences dont il a besoin. D'un autre côté, le rendement privé de l'enseignement primaire en ASS a graduellement diminué à mesure que l'offre des travailleurs ayant fait des études primaires a augmenté, malgré une augmentation parallèle du rendement privé associé à l'enseignement secondaire et supérieur.

Encadré 5.1 Est-ce qu'un niveau d'instruction plus élevé est associé à un rendement privé plus élevé ? Cas de la République démocratique du Congo

Après des décennies de conflit et de guerre, la République démocratique du Congo, dans ses efforts pour instaurer une paix durable et promouvoir la croissance économique, a prévu une composante critique visant à améliorer la productivité de sa main-d'œuvre. Les interventions dans le cadre de cette composante requièrent des décideurs politiques de comprendre la relation entre l'offre et la demande de compétences du pays et d'adopter des politiques permettant d'amplifier au maximum les avantages générés par le capital humain.

Le tableau B5.1.1 ci-dessous présente le calcul du nombre moyen d'années d'études dans les sous-groupes de la population âgés de 15 à 64 ans (indicateur indirect de la

Tableau B5.1.1 Statistiques sur le nombre d'années d'études moyen en République démocratique du Congo

Statistique	Nombre moyen d'années d'études
Population totale	6,6
Masculin	8,0
Féminin	5,3
Milieu urbain	9,1
Milieu rural	4,9

Source : Darvas et al. 2016.
Note : Les données se rapportent aux personnes âgées de 15 à 64 ans, représentant la population en âge de travailler du pays.

suite de l'encadré, page suivante

Encadré 5.1 Est-ce qu'un niveau d'instruction plus élevé est associé à un rendement privé plus élevé ? Cas de la République démocratique du Congo *(suite)*

Tableau B5.1.2 Coût d'opportunité estimatif selon le cycle de l'enseignement

Cycle de l'enseignement	Coût d'opportunité annuel estimatif (en FG)
Primaire	44 319
Premier cycle du secondaire	77 046
Second cycle du secondaire	256 202
Tertiaire	673 204

Source : Darvas et al. 2016.
Note : CGF = franc congolais.

main-d'œuvre du pays). Le nombre d'années d'études moyen pour l'ensemble de la main-d'œuvre est de 6,6, les hommes présentant, en moyenne, presque trois années d'études de plus que leurs homologues féminins. Par ailleurs, les travailleurs urbains avaient, à leur actif, 4,2 années d'études de plus que leurs pairs du milieu rural.

Ainsi que le tableau B5.1.2 le montre, les coûts d'opportunité annuels associés au second cycle du secondaire et à l'enseignement supérieur sont considérablement plus élevés que ceux associés au primaire et au premier cycle du secondaire. Selon la base de données des Indicateurs du développement dans le monde, le revenu national net ajusté par habitant (dollars actuels) en République démocratique du Congo en 2012 s'élevait à environ 220 dollars[a]. Ce montant est inférieur au coût d'opportunité estimatif du second cycle du secondaire et correspond à un tiers du coût d'opportunité estimatif associé à l'enseignement supérieur. De ce fait, l'accès aux cycles de l'enseignement supérieur reste extrêmement coûteux pour la majorité des citoyens, voire prohibitif.

Une analyse des données de l'enquête auprès des ménages montre que c'est l'enseignement supérieur qui génère la part de rendement privé la plus élevée, à hauteur d'environ 20 % du rendement total de l'éducation. La recherche indique que le rendement de l'enseignement est généralement plus élevé chez les travailleurs femmes que chez les travailleurs hommes. Toutefois, dans le cas de la République démocratique du Congo, ceci ne s'applique qu'aux cycles de l'enseignement ultérieurs au premier cycle du secondaire. La figure B5.1.1 illustre le rendement privé moyen associé à chaque année d'étude et à chaque cycle d'enseignement supplémentaire. Les données montrent également que le rendement de l'éducation est beaucoup plus élevé chez les travailleurs du milieu urbain que ceux du milieu rural et ceci s'applique aussi bien aux années d'études qu'aux cycles de l'enseignement.

La prime de l'éducation varie considérablement selon les régions, comme le montre la figure B5.1.2. Par exemple, la région du Katanga enregistre le rendement le plus élevé par année d'études supplémentaire. Le rendement de l'éducation varie également selon le cycle de l'enseignement présentant la prime la plus élevée. Dans six des 11 provinces du pays, le rendement le plus élevé est associé à l'enseignement supérieur ; néanmoins, l'enseignement secondaire est le cycle le plus rentable au Katanga, dans le Kasaï oriental, dans l'Équateur et à Maniema, et l'enseignement primaire indique le rendement le plus élevé dans le Sud-Kivu. Le développement socioéconomique régional relatif est également susceptible d'expliquer la variation du rendement de l'éducation selon les régions.

suite de l'encadré, page suivante

Équité des résultats

Encadré 5.1 Est-ce qu'un niveau d'instruction plus élevé est associé à un rendement privé plus élevé ? Cas de la République démocratique du Congo *(suite)*

Figure B5.1.1 Résumé du rendement de l'éducation

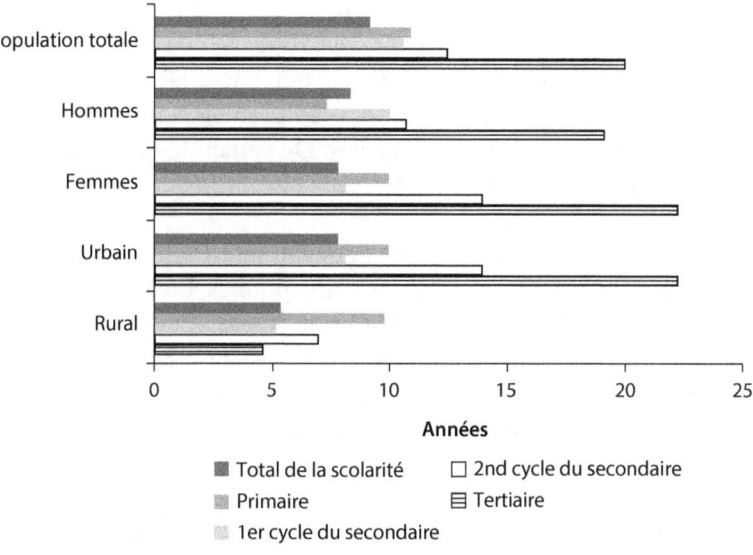

Source : Darvas et al. 2016.

Figure B5.1.2 Rendement de l'éducation par province

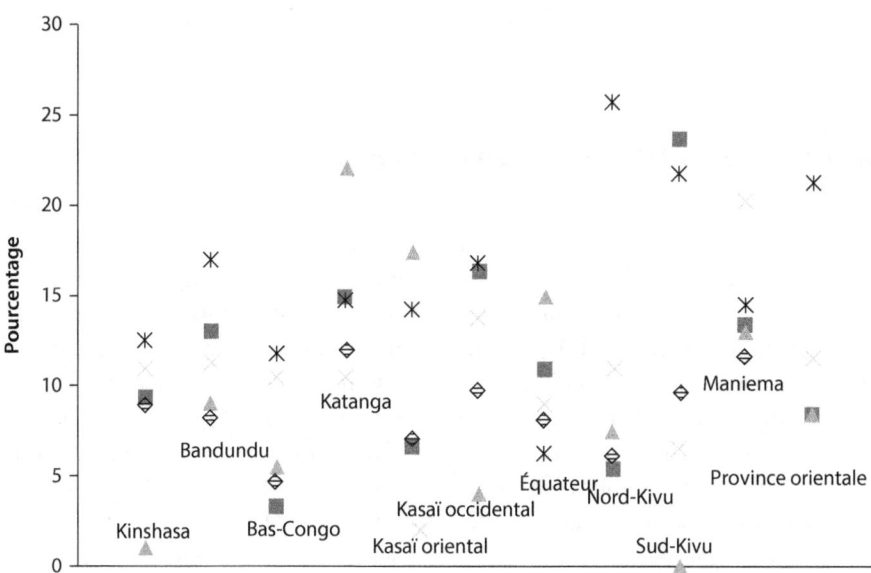

Source : Darvas et al. 2016.

a. Pour de plus amples informations, veuillez consulter les Indicateurs du développement dans le monde (base de données), Banque mondiale, Washington, DC, http://data.worldbank.org/data-catalog/world-development-indicators.

Enseignement supérieur et équité en Afrique subsaharienne
http://dx.doi.org/10.1596/978-1-4648-1266-8

Rendement public de l'enseignement supérieur

La plupart des systèmes d'enseignement supérieur sont subventionnés par les pouvoirs publics et il est possible de mesurer les taux de rendement du coût et des avantages publics associés à l'offre d'enseignement. Le rendement public de l'éducation est calculé en tenant compte des coûts pris en charge par la société dans son ensemble (y compris les dépenses publiques, les frais de scolarité de chaque étudiant et le coût d'opportunité) et les avantages sont déterminés sur la base des gains avant impôts plutôt qu'après. De ce fait, le rendement public de l'éducation permet de mesurer et d'évaluer l'efficience des dépenses publiques pour l'éducation.

En général, le rendement public de l'éducation est inférieur au rendement privé parce qu'il faut tenir compte des coûts publics. En ASS, l'offre d'enseignement supérieur est en grande partie financée par l'État. Le croisement des effets de l'escalade des coûts et du nombre limité de bénéficiaires donne lieu à une situation où le rendement public de l'éducation en ASS paraît minuscule face au rendement privé. Par comparaison, le ratio rendement privé-public de l'enseignement supérieur est beaucoup plus élevé que dans les autres régions. Encore une fois, dans ce contexte, le fait qu'une part disproportionnée des subventions publiques accordées à l'enseignement supérieur bénéficie aux étudiants riches mérite d'être souligné. Au vu de ces considérations, il est impératif que les gouvernements évaluent les avantages liés au rendement de niveaux d'instruction plus élevés contre le compromis consenti à l'endroit des membres de la société n'ayant pas fait d'études ou en ayant fait moins.

Rendement social de l'enseignement supérieur

Comme le calcul des taux de rendements publics de l'enseignement supérieur s'appuie sur les gains et les coûts observables, il s'ensuit que ces avantages sont envisagés dans une perspective assez étroite dans cette formule. Dans une approche plus large, ce sont les taux de rendement social de l'éducation, qui sont étudiés en tenant compte de l'ensemble des avantages et des coûts directs associés aux investissements dans l'éducation et des externalités résultant de la production de l'éducation (figure 5.1). La *Task Force* enseignement supérieur et société (2000) fait valoir que la recherche sur les taux de rendement de l'éducation n'estime la valeur des avantages reçus par les personnes ayant fait des études que sur la base de leurs revenus plus élevés et de plus grandes recettes fiscales obtenues par la société. Or, le fait d'avoir un vivier de citoyens instruits bénéficie à la société de nombreuses façons différentes.

Par exemple, les personnes ayant fait des études sont plus susceptibles de devenir des entrepreneurs économiques et sociaux, ce qui a de vastes implications pour le bien-être économique et social de leurs communautés. Par comparaison, les membres de la société à haut niveau d'instruction jouent

Équité des résultats

Figure 5.1 Classification des avantages de l'éducation sur le marché de l'emploi et au-delà du marché de l'emploi

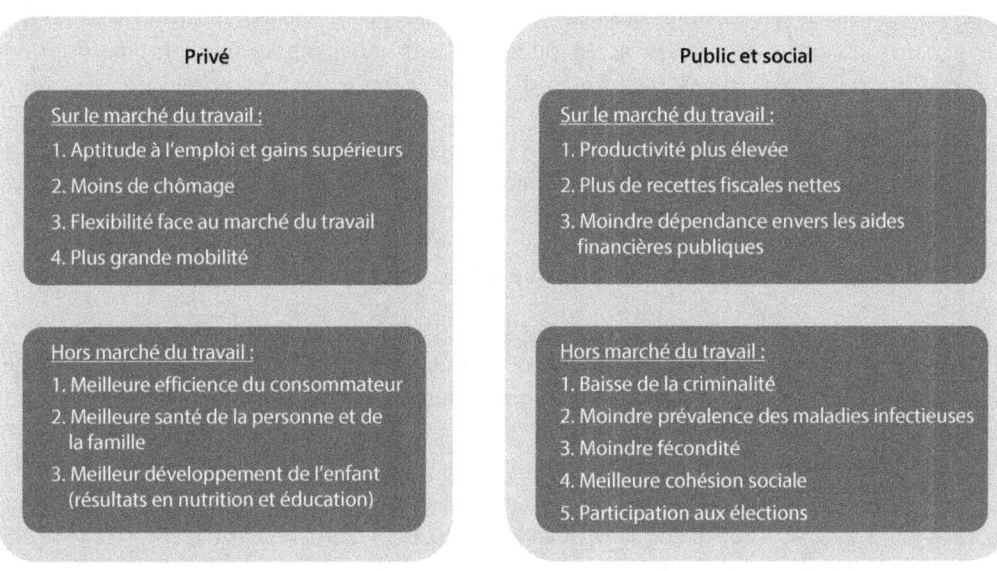

Source : Psacharopoulos 2009.

aussi un rôle critique en contribuant à la création d'environnements favorables au développement économique par la promotion de la bonne gouvernance, la dotation en personnel des institutions et l'appui à des institutions fortes et la promotion et l'exécution du développement d'infrastructures.

Pris séparément, les étudiants et les familles considèrent rarement les externalités sociales associées à l'enseignement supérieur lorsqu'ils examinent la décision de faire des études tertiaires. Cela peut mener à un sous-investissement dans les cycles supérieurs de l'enseignement. A un niveau macroéconomique, le financement public de l'enseignement supérieur est justifié lorsque le rendement social de l'enseignement supérieur est supérieur au rendement privé.

Toutefois, les externalités sociales sont difficiles à isoler et encore plus difficiles à mesurer. En matière de recherche, si d'importantes réussites ont été enregistrées dans la détermination des externalités positives associées à l'éducation, peu de chercheurs ont réussi à les quantifier (Weisbrod 1964 ; Haveman et Wolfe 1984). Les externalités couramment associées à l'éducation sont les effets de grappe, les effets multiplicateurs et l'innovation entrepreneuriale. Il y a *effet de grappe* lorsque la collaboration de plusieurs personnes relève le niveau de compétences et d'instruction de chacune d'elles, les travailleurs qualifiés améliorant la productivité de ceux non qualifiés, engendrant une amélioration globale de la productivité de la main-d'œuvre. L'augmentation des recettes fiscales de l'État, résultant de salaires et de niveaux de consommation plus élevés chez les personnes ayant fait plus d'études est connue sous le nom d'*effet multiplicateur*. L'*innovation entrepreneuriale* est fortement associée aux activités de travailleurs ayant fait relativement plus d'études, qui sont plus susceptibles d'introduire des innovations et de mener des activités en vue de stimuler la dynamique du marché. Les effets de l'innovation peuvent stimuler la création d'emploi pour les travailleurs ayant fait moins d'études et favoriser un contexte économique global caractérisé par la croissance, une plus grande compétitivité et la productivité. Nonobstant les effets positifs de ces externalités, leur valeur et leur quantité sont difficiles à calculer.

Mobilité sociale et enseignement supérieur

La dernière section de ce chapitre s'intéresse à la façon dont l'enseignement supérieur renforce la capacité des étudiants à faible revenu à grimper l'échelle des revenus. La mobilité intergénérationnelle désigne la situation où le statut socioéconomique d'une personne est sans rapport avec ses conditions de départ (par exemple, son milieu parental ou familial). La mobilité intra-générationnelle désigne le continuum du changement du statut socioéconomique d'une personne sur la durée de sa vie. Cette section est essentiellement axée sur la mobilité intra-générationnelle.

Tel que discuté ci-dessus, les étudiants issus de milieux défavorisés sont significativement moins susceptibles d'avoir (ou de pouvoir avoir) accès à l'enseignement supérieur. Toutefois, même dans l'enseignement supérieur, tous les diplômés n'ont pas les mêmes résultats sociaux. La recherche sur le marché de l'emploi sud-africain montre que les perspectives d'emploi d'une personne en Afrique du Sud sont fortement tributaires de ses réseaux sociaux.

Les personnes dont le réseau social est dominé par des personnes employées ont un meilleur accès aux perspectives d'emploi que les personnes issues de segments comparativement pauvres de la société dont les réseaux sociaux sont plus susceptibles d'être composés de personnes au chômage ou en sous-emploi (Tonheim et Matose 2013).

Aux Etats-Unis, une recherche sur les étudiants qui vont et qui ne vont pas à l'université a montré que parmi les étudiants allant à l'université, par opposition à ceux qui n'y vont pas, ce sont les étudiants des groupes sous-représentés qui tirent le plus parti des avantages. Brand et Xie (2010) et Dale et Krueger (2011) montrent que l'ampleur des avantages pour les étudiants qui font des études supérieures atteint son maximum chez les personnes issues des segments de la société les moins susceptibles de faire des études universitaires. Les étudiants issus de milieux socialement défavorisés participent à l'enseignement supérieur aux taux les plus élevés et pourtant ces personnes sont celles qui comptent le moins sur leurs études supérieures pour avoir accès à un statut social, à des revenus et à un emploi professionnel.

Cette section présente une comparaison du rendement de l'enseignement supérieur des étudiants des pays d'ASS issus de différents groupes

Équité des résultats

de revenus à l'aide du modèle de sélection par régression de Heckman (modèle de Heckman). En plus de l'analyse de régression et des méthodes utilisées pour estimer les différences de rendement privé de l'éducation de ces groupes, le modèle de Heckman fournit une analyse robuste expliquant les biais de sélection.

Les résultats du modèle de Heckman, illustrés à la figure 5.2 montrent qu'au Nigéria et au Rwanda, le gain de revenus relatif des diplômés de l'enseignement supérieur est beaucoup plus élevé chez les étudiants des groupes à faible revenu que chez ceux des quintiles supérieurs de la distribution des revenus. Ceci suggère que les politiques, qui améliorent la participation à l'enseignement supérieur des groupes sous-représentés, peuvent efficacement faciliter la mobilité sociale et la prospérité dans leur ensemble. Au Rwanda, les gains des diplômés du tertiaire issus des 40 % de ménages de la partie inférieure de la distribution des revenus sont 594 % plus élevés que ceux de leurs pairs du même groupe socioéconomique n'ayant pas fait d'études. Par opposition, la comparaison équivalente chez les diplômés issus des 40 % de ménages de la partie supérieure de la distribution des revenus donne à ces diplômés un avantage de 255 % sur leurs pairs ayant fait moins d'études. La situation au Nigéria suit une tendance similaire.

Comme le montre la figure 5.3, la mesure dans laquelle les étudiants issus des ménages relativement pauvres jouissent des avantages de l'enseignement supérieur varie considérablement d'un pays à l'autre. Par exemple, le rendement de l'enseignement supérieur est nettement plus élevé chez les étudiants des quintiles de revenu inférieurs au Rwanda qu'en Côte d'Ivoire.

Figure 5.2 Différences de gains selon le niveau d'instruction et le groupe de revenus

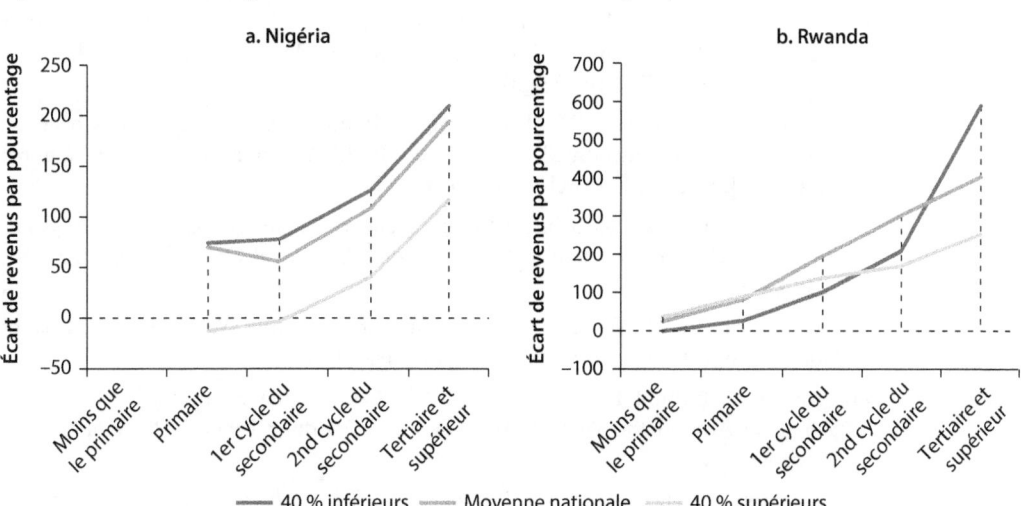

Source : Les calculs ont été effectués à partir des données de l'enquête auprès des ménages de diverses années.

Enseignement supérieur et équité en Afrique subsaharienne
http://dx.doi.org/10.1596/978-1-4648-1266-8

Figure 5.3 Différences de gains dans les 40 % inférieurs selon le niveau d'instruction

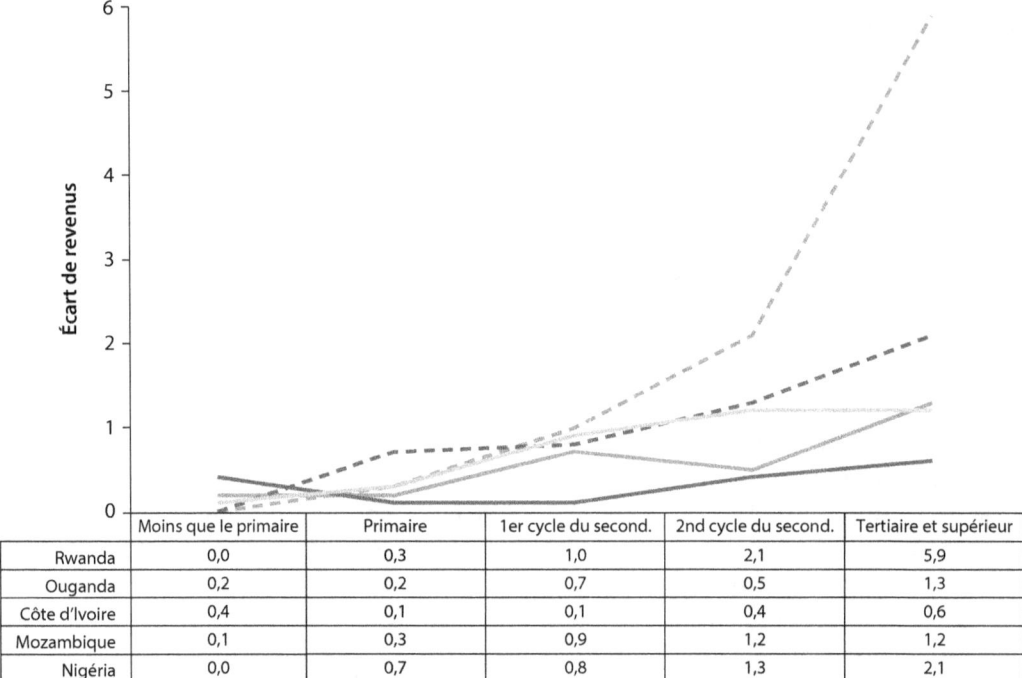

Source : Les calculs ont été effectués à partir des données de l'enquête auprès des ménages de diverses années.

Références

Brand, J. E., and Y. Xie. 2010. "Who Benefits Most from College? Evidence for Negative Selection in Heterogeneous Economic Returns to Higher Education." *American Sociological Review* 75 (2): 273–302.

Dale, S., and A. B. Krueger. 2011. "Estimating the Return to College Selectivity over the Career Using Administrative Earnings Data." NBER Working Paper 17159, National Bureau of Economic Research, Cambridge, MA.

Darvas, Peter, Marta Favara, Gabriela Munares, and Fei Yuan. 2016. *Skills for Economic Recovery and Shared Growth in the Democratic Republic of Congo.* Washington, DC: World Bank.

Haveman, R. H., and B. Wolfe. 1984. "Schooling and Economic Well-Being: The Role of Non-Market Effects." *Journal of Human Resources* 19 (3): 128–40.

Montenegro, C. E., and H. A. Patrinos. 2014. "Comparable Estimates of Returns to Schooling Around the World." Policy Research Working Paper 7020, World Bank, Washington, DC.

Psacharopoulos, G. 2009. *Returns to Investment in Higher Education: A European Survey.* Higher Education Funding Reform Project, European Commission.

Task Force on Higher Education and Society. 2000. *Higher Education in Developing Countries: Peril and Promise.* Washington, DC: World Bank.

Tonheim, M., and F. Matose. 2013. "South Africa: Social Mobility for a Few?" Norwegian Peacebuilding Resource Centre Report, NOREF, Oslo.

Weisbrod, B. A. 1964. *External Benefits of Public Education: An Economic Analysis.* Princeton, NJ: Princeton University Press.

CHAPITRE 6

Politiques publiques pour lutter contre les inégalités

Principaux points

- Alors que de nombreux pays d'Afrique subsaharienne(ASS) reconnaissent explicitement le rôle de l'enseignement supérieur dans la réduction de la pauvreté, la mise en cohérence de leurs objectifs politiques de réduction de la pauvreté et de leurs dépenses publiques reste variable. Ces degrés de mise en cohérence peuvent être également mis en relation avec les taux bruts d'inscription au tertiaire qui en résultent.
- Dans leurs institutions d'enseignement supérieur respectives, les pays d'Afrique subsaharienne ont commencé à appliquer des indicateurs relatifs à la race, au milieu socioéconomique, au genre, au handicap et aux régions d'origine pour éclairer le processus d'admission et ont mis en œuvre des programmes pour garantir un accès plus équitable aux groupes traditionnellement sous-représentés.
- Dans le contexte de l'élargissement du partage des coûts dans les pays d'Afrique subsaharienne, il est essentiel d'avoir des programmes d'aide financière bien pensés, en particulier des programmes de prêts étudiants, qui ciblent correctement les étudiants issus de ménages à faible revenu, si l'on veut assurer et améliorer l'équité de l'accès à l'enseignement supérieur.
- En l'absence de vérification des ressources, les prêts non subventionnés peuvent apporter plus d'équité que les prêts fortement subventionnés. Les mécanismes d'évaluation et de recouvrement de prêts étudiants sont faibles dans la plupart des pays d'ASS.
- Les fournisseurs privés d'enseignement supérieur suivent un large éventail de modèles d'exploitation et présentent une grande diversité en termes de qualité et d'envergure. Ils élargissent l'offre d'enseignement supérieur en ASS et contribuent à un meilleur accès à l'enseignement supérieur pour les groupes sous-représentés. Cependant, leur présence n'entraîne pas automatiquement une plus grande équité de l'accès ou des résultats.

- Les gouvernements pourraient accorder un soutien financier aux étudiants du secteur privé pour améliorer la qualité et l'équité.
- Entre autres innovations, il a été démontré que la budgétisation basée sur la performance et le recours à des indicateurs de performance relatifs à l'équité permettent nettement d'améliorer l'équité.

Les chapitres précédents ont établi que, malgré une importante expansion du secteur de l'enseignement supérieur en Afrique subsaharienne, les avantages de cette croissance reviennent de manière disproportionnée aux étudiants issus de familles relativement favorisées. La persistance de l'inéquité dans les systèmes d'enseignement supérieur en Afrique subsaharienne a contribué à créer un goulot d'étranglement dans l'offre d'enseignement supérieur, compromettant davantage les perspectives de la région de parvenir à rattraper le reste du monde. De plus, l'analyse a montré que le rendement privé de l'enseignement supérieur a atteint son plus haut niveau chez les étudiants issus de familles à faible revenu, produisant en parallèle des effets en faveur d'une plus grande prospérité collective. En conséquence, les interventions publiques peuvent avoir des effets à court et à long termes, qui s'attaquent efficacement à l'inéquité dans la mesure où elles améliorent l'accès à l'enseignement supérieur pour les segments de la population mal desservis.

Ce chapitre est axé sur les interventions politiques que les gouvernements mènent pour cibler des sous-populations particulières et sur l'efficacité des interventions en termes d'amélioration de l'accès à l'enseignement supérieur. L'efficacité de ce type d'interventions n'a pas été étudiée en profondeur, à ce jour.

Évaluation des politiques pays et des institutions nationales

Il est reconnu que l'amélioration de l'accès à l'enseignement supérieur est un facteur essentiel du développement économique. En conséquence, dans leurs documents de stratégie de réduction de la pauvreté (DSRP), de nombreux pays d'Afrique subsaharienne ont souligné l'importance de développer davantage leurs systèmes d'enseignement supérieur. Beaucoup de ces DSRP se concentrent plus précisément sur l'expansion de l'accès à l'enseignement supérieur pour des groupes historiquement désavantagés au sein de la population.

Quelques exemples de priorités nationales tirées des DSRP de pays de la région sont présentés ci-après :

- Le DSRP du Bénin souligne la nécessité d'améliorer la qualité de l'éducation dispensée et la nécessité d'améliorer l'équité entre les sexes. À cette fin, le document propose l'introduction de bourses ciblant les étudiantes pour améliorer leur accès aux résidences universitaires.
- Le DSRP du Ghana note les problèmes critiques, résultant d'un faible accès à un enseignement supérieur de qualité et du coût élevé des études à ce niveau alors que la population de jeunes augmente fortement. Le DSRP souligne la nécessité de promouvoir l'autonomisation sociale des femmes en améliorant leur accès à l'éducation.

Politiques publiques pour lutter contre les inégalités

- Le DSRP de l'Ouganda insiste sur la nécessité d'améliorer l'équité de l'accès à l'enseignement supérieur et la nécessité de réduire l'impact du coût des études sur les familles. Le document propose : i) l'introduction d'un programme de prêts étudiants pour permettre à un plus grand nombre d'accéder à l'enseignement supérieur et ii) une réforme du financement public de l'enseignement supérieur pour que le ciblage soit plus efficace et porte sur les étudiants et les disciplines (sciences et technologie) plutôt que sur les institutions.

L'un des moyens pour les gouvernements de faire le suivi de la mise en œuvre des politiques consiste à mener une revue des dépenses publiques. La Banque mondiale a mené une série d'évaluations des politiques et des institutions nationales (CPIA) dont le but est de comprendre la qualité des politiques et des dispositions institutionnelles dans un pays donné. Ces études incluent un indicateur qui permet d'évaluer l'équité de l'utilisation des ressources publiques, examinant dans quelle mesure les tendances en matière de dépenses publiques et de recouvrement des recettes affectent les pauvres et dans quelle mesure ces tendances sont en cohérence avec les priorités nationales de réduction de la pauvreté. Bien que l'on ne puisse pas vraiment déterminer le lien de causalité entre l'équité dans l'utilisation des ressources publiques et le niveau d'inscriptions à l'enseignement supérieur dans un pays, les données offrent une certaine perspective sur chacun des pays.

Dans les pays figurant dans le quadrant supérieur droit de la figure 6.1, tels que le Bénin, le Ghana, le Nigéria et l'Ouganda, on constate une plus grande

Figure 6.1 Équité de l'utilisation des ressources publiques et inscriptions au tertiaire pour 100 000 habitants

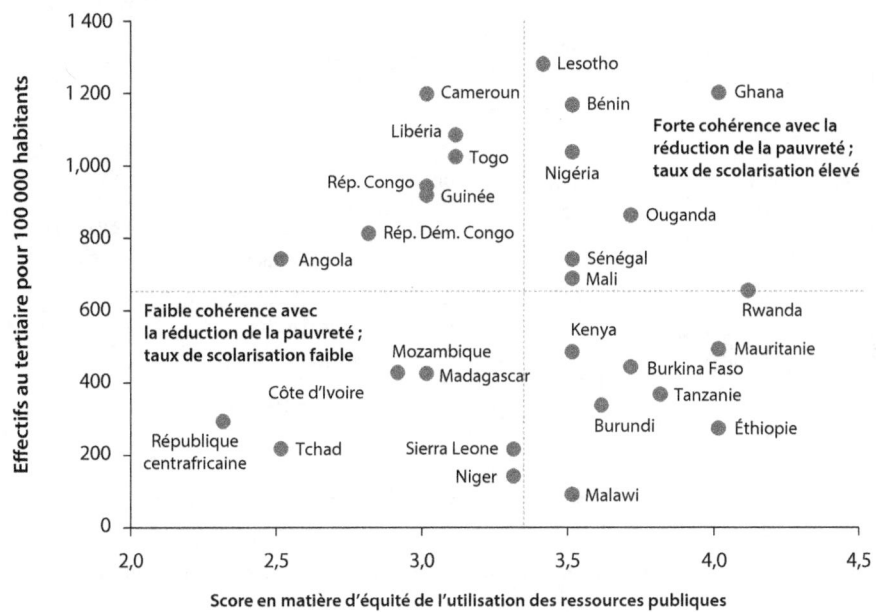

Source : Données CPIA de la Banque mondiale.
Note : Les données sont celles de l'année la plus récente disponible.

cohérence entre les dépenses publiques et les objectifs de réduction de la pauvreté et parallèlement, on observe des taux d'inscription au niveau tertiaire relativement élevés. Dans les pays figurant dans le quadrant inférieur gauche, tels que la République centrafricaine, le Tchad et la Côte d'Ivoire, on considère que la mise en cohérence entre les dépenses publiques et les objectifs de réduction de la pauvreté est relativement faible et on observe en parallèle un faible taux d'inscription au niveau tertiaire.

L'égalité des sexes permet d'évaluer dans quelle mesure un pays a réussi à mettre en place des institutions, des lois et des programmes, qui promeuvent une égalité d'accès pour les étudiants et les étudiantes dans le domaine de l'éducation, dans les systèmes de santé, dans l'économie de même qu'une protection égale par la loi. Plus la note d'un pays pour l'égalité des sexes est élevée dans le CPIA, plus ses politiques sont estimées être sensibles au genre. Une plus grande égalité des sexes est associée à une amélioration des inscriptions féminines dans l'enseignement supérieur. Dans la figure 6.2, les pays du quadrant supérieur droit – notamment le Ghana, le Sénégal et l'Ouganda – ont des programmes de genre relativement bien établis et des taux relativement élevés d'inscription au tertiaire. Les pays du quadrant inférieur gauche, tels que la République centrafricaine et le Tchad,

Figure 6.2 Évaluation des politiques et des institutions nationales en matière d'égalité des sexes et inscriptions au tertiaire pour 100 000 habitants

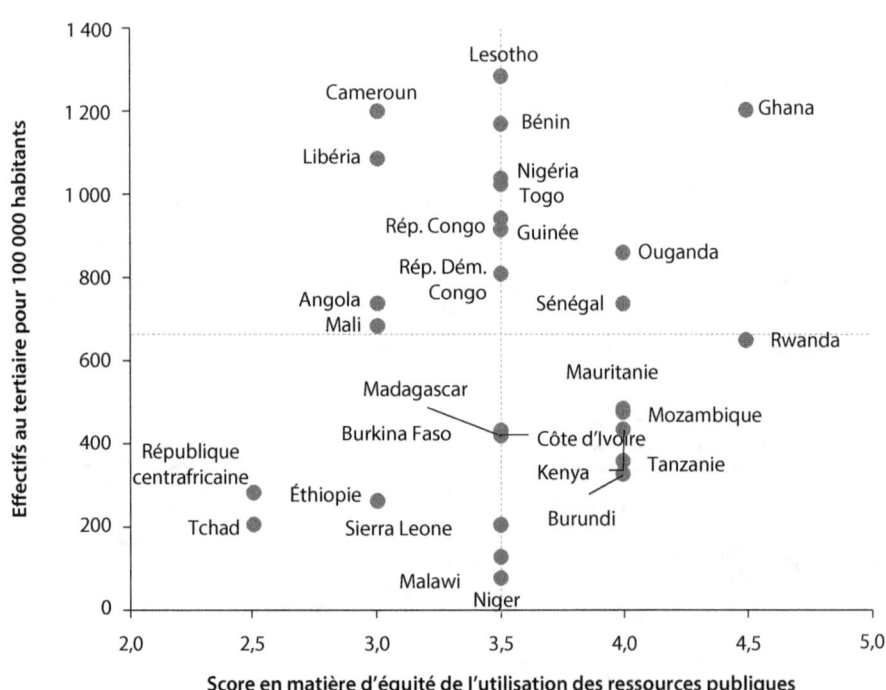

Source : Les données et les calculs du CPIA de la Banque mondiale ont été obtenus à partir de données d'enquêtes auprès des ménages.
Note : Les données sont celles de l'année la plus récente disponible.

Enseignement supérieur et équité en Afrique subsaharienne
http://dx.doi.org/10.1596/978-1-4648-1266-8

présentent en revanche de faibles taux d'inscription au tertiaire et leurs interventions pour promouvoir l'égalité des sexes sont jugées relativement inefficaces, quand elles ne sont pas inexistantes.

Initiatives en matière de politique d'admission

Afin de promouvoir davantage l'équité dans l'accès à l'enseignement supérieur, un certain nombre de pays ont instauré des indicateurs relatifs à la race, au milieu socioéconomique, au sexe, au handicap et à la région d'origine pour éclairer le processus d'admission. En Ouganda, par exemple, 25 % des 4 000 places financées par le gouvernement dans l'enseignement supérieur sont réservées dès le processus d'admission afin de prendre en compte la question de l'équité. Cette politique est mise en œuvre à travers un système de quotas, qui permet de sélectionner les meilleurs étudiants dans chaque district et de favoriser l'intégration des étudiants en situation de handicap et les athlètes masculins et féminins, qui satisfont aux exigences minimales d'admission dans les institutions et les programmes (Wanyama 2015). Au Ghana, l'Université des sciences et technologies de Kwame Nkrumah a été parmi les premiers établissements à mettre en place un système d'admission à quotas, qui permet aux élèves d'écoles défavorisées (que les Services de l'éducation du Ghana classent comme étant des établissements moins bien dotés) de s'inscrire dès lors qu'ils ont satisfait aux qualifications de base (Morley et al. 2007). Au Ghana, au Kenya, au Nigéria, en Tanzanie, en Ouganda et au Zimbabwe, soit le seuil académique pour l'admission a été ramené à un niveau plus bas pour les candidates soit les candidates obtiennent des points en bonus lorsqu'elles se présentent aux examens d'admission (Morley 2006). À l'Université de Cape Coast au Ghana, le Conseil conjoint des admissions s'est fixé comme objectif d'avoir au moins 35 % de filles dans le total des inscriptions (Morley et al. 2007). Bien que l'introduction de programmes d'actions positives ait été controversée dans certains cas, la recherche indique que certains de ces programmes parviennent à changer les tendances en matière de participation des étudiantes. C'est le cas, par exemple, du programme de licence scientifique en ingénierie à l'Université de Dar-es-Salam (Morley et al. 2007). Toutefois, il convient également de noter que les étudiants bénéficiant de ces mesures particulières peuvent être placés dans des programmes moins en demande parce que les institutions cherchent à maximiser le nombre de places dans les meilleurs programmes pour les étudiants payants, ce qui va à l'encontre de l'objectif de promouvoir l'équité des résultats de l'enseignement supérieur (Liang 2002).

Programmes transitoires

Pour faire en sorte que tous les élèves aient une égalité des chances de concourir pour l'entrée dans l'enseignement supérieur, il faut que les efforts visant à améliorer l'équité en matière de recherche d'enseignement supérieur soient lancés dès les cycles pré-tertiaires, en particulier dans l'enseignement primaire et secondaire (Salmi et al. 2002). Un certain nombre de pays d'Afrique subsaharienne ont lancé des programmes de sensibilisation et de transition entre le secteur tertiaire et les écoles secondaires, mis en place des programmes et des initiatives spéciales pour cibler les groupes défavorisés et réformé les programmes d'enseignement pour relever les taux d'achèvement.

En Afrique du Sud, par exemple, il existe plusieurs programmes qui préparent les élèves des écoles secondaires des communautés défavorisées à l'entrée dans l'enseignement supérieur. Il s'agit par exemple du Projet de préparation aux examens de mathématiques et de sciences ; des Écoles incubatrices en mathématiques pour la science, la technologie, l'ingénierie et les mathématiques (STIM) à l'Université métropolitaine de Nelson Mandela ; et le programme Siyabona, qui aide les étudiants manifestant un vif intérêt à poursuivre des études dans l'enseignement supérieur (Blunt, 2000). En Namibie, le programme Pathways de l'Université de Namibie cible les étudiants Ovambo, un groupe ethnique marginalisé, en mettant l'accent sur une meilleure préparation à l'étude des sciences et de l'ingénierie au niveau tertiaire (MacGregor 2008).

La recherche indique que l'amélioration du flux d'informations sur la technologie, les opportunités d'emploi et les rendements pour les différents types d'emploi peut être efficace et relativement peu coûteuse en tant qu'intervention visant à améliorer la prise de décision chez les candidats éventuels à l'enseignement supérieur, et en particulier chez les candidates. De telles interventions sont faciles à mettre en œuvre, en toute rentabilité, par le recours aux médias, tels que la radio, la télévision, les journaux et Internet (Hino et Ranis 2014).

Aide financière

Dans le cadre d'une plus grande adoption des initiatives de partage des coûts pour le financement de l'enseignement supérieur, les pouvoirs publics doivent améliorer la conception et la mise en œuvre des programmes d'aide financière et se concentrer sur la protection des étudiants relativement défavorisés contre les effets d'exclusion, qui peuvent résulter du paiement de coûts privés. Les étudiants à faible revenu qui reçoivent une aide financière sont plus susceptibles de poursuivre des études supérieures et d'obtenir leur diplôme (Rowan-Kenyon et al. 2009). Dans la plupart des pays, l'introduction des frais de scolarité a été précédée, ou a été rapidement suivie, de la mise en place de programmes d'aide financière et/ou de l'introduction de systèmes de prêts étudiants. La réussite des programmes de soutien financier aux étudiants dans le besoin menés par les gouvernements d'ASS dépend de l'efficacité de la conception, du ciblage, de la distribution et du recouvrement des subventions et des prêts.

L'aide financière sous forme de subventions et de bourses d'études fondées sur les besoins est un des moyens efficaces mais coûteux d'élargir la participation à l'enseignement supérieur et de combler les lacunes en matière d'équité. Salmi et Hauptman (2006) font valoir que l'allocation de fonds directement aux étudiants est une méthode plus efficace pour accroître la participation des groupes traditionnellement mal desservis plutôt que l'allocation des fonds aux institutions publiques d'enseignement supérieur. Ces auteurs font remarquer que les budgets de moyens des universités ne différencient pas forcément les moyens (étudiants) en fonction du sexe, de l'origine ethnique, du statut socioéconomique, et autres.

Une bonne administration des subventions fondées sur les besoins exige des mécanismes de ciblage efficaces et transparents. La vérification des moyens à partir du revenu des ménages est une méthode, qui prête à litige et reste compliquée à mettre en œuvre en Afrique subsaharienne, en partie à cause de la part importante de la population active employée dans le secteur informel et de la non-fiabilité des données sur les revenus qui en résultent. Par conséquent, certains chercheurs préconisent l'introduction d'indicateurs indirects de la richesse relative, tels que la possession de son habitation, plutôt que de se référer uniquement aux indicateurs de revenu pour la vérification des ressources (Tekleslassie et Johnstone, 2004).

Les pouvoirs publics ont de plus en plus recours aux programmes de prêts étudiants pour réduire le coût global de l'administration de l'aide financière (tableau 6.1). Johnstone et Marcucci (2010) soutiennent qu'un élargissement des prêts non seulement développe l'accès à l'éducation, mais réduit également les modèles historiquement régressifs de distribution des ressources publiques dans l'éducation, en partie parce que les bénéficiaires de prêts étudiants pour l'enseignement supérieur sont obligés de rembourser. De même, le Réseau universitaire mondial pour l'innovation (GUNI 2006) fait valoir que les systèmes de prêts étudiants favorisent l'équité parce qu'ils permettent aux étudiants issus de ménages à faible revenu d'emprunter pour se payer une éducation qu'ils

Tableau 6.1 Programmes de prêts étudiants en Afrique subsaharienne

Pays	Origine	Eligibilité	Moyens vérifiés	Cosignataires	Subordonnés au revenu	Élargissement des prêts
Botswana	Direction du financement de l'enseignement supérieur	Disponibilité générale	Non	Non		Gouvernement
Burkina Faso	Gouvernement	Disponibilité générale	Oui	Non		Gouvernement
Éthiopie	Universités	Disponibilité générale	Non	Non		Gouvernement
Ghana	Fonds fiduciaire pour le financement de prêts étudiants	Disponibilité générale	Oui	Oui		Caisse de retraite (SSNIT)
Kenya	Comité des prêts pour l'enseignement supérieur	Disponibilité générale	Oui	Oui		Gouvernement
Nigéria	Banque nigériane pour l'éducation (Nigerian EducationBank)	Disponibilité générale	Non	Non		Gouvernement
Afrique du Sud	Fonds de financement de l'enseignement supérieur de l'Afrique du Sud (TEFSA)	Disponibilité générale	Oui	Non		Gouvernement
Afrique du Sud (Knight 2009)	Programme national de prêts et de bourses étudiants (NASFAS)				Oui	Gouvernement
Tanzanie	Gouvernement	Disponibilité générale	Oui	Non		Gouvernement

Source : Projet comparatif international de financement et d'accessibilité de l'enseignement supérieur, http://www.gse.buffalo.edu/org/IntHigherEdFinance

n'auraient pu s'offrir autrement, et de rembourser quand ils en ont les moyens. Shen et Ziderman (2009) estiment à 70 le nombre de pays où le gouvernement parraine des programmes de prêts étudiants et font remarquer que ce nombre est en augmentation rapide.

En général, les pays africains ont eu une mauvaise performance en matière d'évaluation et de recouvrement des prêts étudiants. La faiblesse des taux de recouvrement des prêts étudiants constitue un risque important pour la pérennité des programmes de prêts gouvernementaux. L'efficience des prêts étudiants en tant que moyen pour promouvoir un meilleur accès à l'enseignement supérieur est compromise notamment par des taux d'intérêt bas, des délais de remboursement inutilement longs, une mauvaise information des diplômés sur les échéanciers de remboursement, des politiques généreuses en matière de défaillance, une mauvaise tenue des dossiers et le coût élevé du recouvrement des prêts (Experton et Fevre 2010). Il sera essentiel d'améliorer la conception, le suivi du remboursement et l'application des programmes de recouvrement des prêts si l'on veut rehausser la pérennité des programmes de prêts soutenus par les gouvernements.

La faiblesse du taux de recouvrement et des taux d'intérêt signifie que pratiquement tous les programmes de prêts étudiants en Afrique subsaharienne exigent un subventionnement public sous une forme ou une autre. Lorsqu'on évalue les avantages de ces programmes, il faudrait examiner le coût du subventionnement des prêts étudiants par le contribuable – y compris toutes les subventions publiques, les coûts administratifs et les garanties en cas de défaillance – en comparaison aux coûts et avantages associés à d'autres programmes, tels que des frais de scolarité fortement subventionnés ou des subventions fondées sur les besoins (Johnstone 2004).

En l'absence d'une vérification efficace des moyens, les prêts non subventionnés peuvent mieux contribuer à l'équité que les programmes de prêts fortement subventionnés. Salmi et Hauptman (2006) ont montré que les programmes de prêts étudiants tendent à profiter de manière disproportionnée aux étudiants de ménages à revenu élevé ou intermédiaire en l'absence d'une vérification efficace des moyens. De plus, étant donné que les programmes de prêts fortement subventionnés sont plus coûteux à financer pour les gouvernements, il y aurait moins d'étudiants qui pourront accéder aux fonds que si l'on avait un programme de prêts à des taux de subventionnement inférieurs.

Castañeda et al. (2005) relèvent de nombreux facteurs, qui doivent être pris en compte dans la conception d'un programme de prêts étudiants. Parmi ces facteurs, il y a la nécessité : i) d'avoir une stratégie appropriée de collecte des données ; ii) d'assurer une gestion adéquate et efficace ; iii) d'assurer la faisabilité et l'exactitude des mécanismes de vérification ; iv) d'avoir le bon montage institutionnel ; et v) d'avoir des mécanismes de suivi et de contrôle efficaces pour assurer la transparence, la crédibilité et la prévention de la fraude.

Dans les prêts subordonnés au revenu, le remboursement est en fonction du revenu de l'emprunteur. Bien que ce type de prêt puisse améliorer l'équité en liant les résultats sur le marché du travail à la charge de remboursement, il est difficile à mettre en œuvre et à suivre, ce qui peut compromettre le recouvrement. Dans les pays à faible revenu, caractérisés par des systèmes fiscaux sous-développés et l'importance économique du secteur informel, la proportion des contribuables dans la population totale est de 5 % seulement, contre 46 % dans les pays développés (Zolt et Bird 2005). De plus, il est extrêmement difficile dans de nombreux pays à faible revenu d'obtenir des données précises et fiables sur les salaires des diplômés, donc de calculer les remboursements mensuels des emprunteurs.

Diversification

Le développement d'universités privées donne plus de chances aux étudiants issus de milieux défavorisés d'accéder à l'enseignement supérieur. Les étudiants issus de ménages défavorisés sont généralement moins bien préparés à satisfaire aux exigences d'admission dans les universités publiques que leurs pairs issus de ménages relativement aisés. En conséquence, bien que les universités soient plus susceptibles de demander le paiement de divers frais pour l'enseignement, leurs politiques d'admission n'exacerbent pas l'inéquité dans l'enseignement supérieur. Cependant, la présence d'universités privées n'entraîne pas automatiquement une amélioration de l'équité. Carrol (2005) a comparé le statut socioéconomique des étudiants admis à l'Université de Makerere en Ouganda dans le cadre du Programme d'intégration privée (PSE) à ceux admis par le biais du programme de bourses du gouvernement et démontre que le PSE a affermi, plutôt qu'accru, les inéquités existantes en termes de participation à l'enseignement supérieur.

Les fournisseurs d'enseignement supérieur privés ont des profils divers et comprennent des sociétés à but lucratif, des institutions à but non lucratif, des institutions confessionnelles, des universités privées étrangères et d'autres encore. En conséquence, la qualité de l'éducation dispensée dans les établissements d'enseignement supérieur (EES) est variable. Les institutions privées servant des étudiants relativement pauvres sont généralement installées dans des bâtiments reconvertis. Dans de nombreux pays africains, les EES privés opèrent souvent sans agrément (Bjarnason et al. 2008). Certaines universités privées ont su faire preuve d'innovation et sont à la tête des réformes des programmes d'études et de la promotion de l'esprit critique et, ce faisant, se sont faits une réputation de centres d'excellence. L'Ashesi University College du Ghana, une université à but non lucratif fondée par un ancien ingénieur de Microsoft, en est un exemple.

Il est nécessaire de mettre en place une réglementation efficace de l'offre d'enseignement supérieur privé si l'on veut garantir la qualité. Théoriquement, les forces du marché du travail (emploi futur) devraient éliminer les fournisseurs d'éducation de qualité inférieure ou en dessous des normes. Cependant, en l'absence d'informations fiables sur les résultats sur le marché du travail, il est nécessaire de poser une réglementation si l'on veut maintenir des normes et garantir des résultats équitables dans les institutions privées. Cela dit, la réglementation de l'agrément des universités privées devrait également être prévisible et efficace afin de ne pas décourager l'investissement privé dans ce secteur.

Certains pays, comme le Ghana, fixent des limites pour les frais de scolarité facturables par les EES privés ou tentent de le faire. Cela peut avoir des conséquences inattendues (Bjarnason et al. 2008). Alors qu'une telle politique a pour objectif d'assurer l'accès à l'enseignement supérieur privé pour un plus grand nombre d'étudiants, elle peut ne pas tenir compte du fait que de nombreuses universités privées dépendent entièrement des frais de scolarité pour couvrir leurs coûts de fonctionnement. Le plafonnement des frais de scolarité peut donc décourager les établissements d'enseignement supérieur privés à étendre leurs activités. Comme politique alternative, les gouvernements peuvent accorder un soutien financier aux étudiants du secteur privé. Cela peut contribuer à élargir l'accès à l'enseignement supérieur privé et à promouvoir l'objectif d'équité.

Par ailleurs, le coût unitaire de l'enseignement supérieur dans le secteur privé est, dans certains cas, inférieur aux coûts unitaires dans le système public. Si tel est le cas, il est plus rentable pour le gouvernement d'encourager les étudiants à opter pour une formation dans le secteur privé, même si cela exige d'offrir une forme de soutien financier aux étudiants (Gioan 2008). Le subventionnement des EES privés permet également à l'État d'imposer des exigences, notamment en matière de qualité, de conditions d'enseignement et de résultats. Le soutien financier au secteur de l'enseignement supérieur privé, au moyen d'incitations fiscales ou de parrainage direct d'étudiants, pourrait réduire les frais de scolarité et améliorer la participation des étudiants issus de ménages défavorisés.

Dans de nombreux systèmes universitaires africains, l'accès à l'enseignement supérieur est limité aux sortants les plus performants des écoles secondaires, qui de manière disproportionnée viennent des ménages les plus aisés. Les institutions non universitaires bénéficient aux élèves des écoles secondaires peu performantes, qui ne sont pas admissibles dans les universités publiques. Cependant, les étudiants qui s'inscrivent dans des établissements d'enseignement non universitaires à cycle court ne poursuivent pas forcément des études supérieures par la suite.

En Afrique subsaharienne, le parcours académique vers une formation universitaire est souvent rigide et les mécanismes d'articulation des cours et de transfert de crédit permettant la mobilité des étudiants entre différents niveaux d'éducation et différents types d'institutions sont rarement institutionnalisés. La mobilité du personnel et des étudiants entre les universités et les établissements d'enseignement supérieur non universitaires est minée par la faiblesse de la coopération et l'absence de dialogue entre les groupes d'institutions. Certaines universités ne reconnaissent pas dans leur processus d'admission les crédits ou les compétences acquises par des études dans une institution polytechnique. La mobilité des étudiants entre universités privées et publiques et entre universités publiques est rare, en particulier en Afrique anglophone (Ng'ethe, Subotzky et Afeti 2008). Cependant, dans les pays francophones, tels que le Cameroun et le Sénégal, les EES qui délivrent des diplômes polytechniques du premier cycle universitaire sont rattachés à des universités et ne sont pas considérés comme des institutions distinctes ou autonomes (Ng'ethe, Subotzky et Afeti 2008). L'Institut des sciences et de technologie de Kigali au Rwanda, par exemple, a créé un système de crédit cumulatif comprenant quatre niveaux, qui une fois cumulés aboutissent à un diplôme universitaire de deuxième cycle (Ng'ethe et al. 2003).

Gestion budgétaire

Lorsqu'ils prennent des décisions de financement des systèmes d'enseignement supérieur, les gouvernements doivent chercher à trouver un équilibre entre les objectifs d'équité et la disponibilité du financement public. L'élargissement de l'accès à l'enseignement supérieur pour les étudiants défavorisés peut poser des problèmes de finances publiques, comme cela a été le cas en Afrique du Sud à la fin de l'apartheid. Au lendemain de l'apartheid, le nombre d'étudiants noirs admis au niveau tertiaire a augmenté rapidement, mais le gouvernement ne disposait pas de financement suffisant pour les étudiants (Badsha et Wickham 2013).

Les recettes fiscales sont invariablement la source de financement la moins chère pour l'éducation. Cependant, dans les pays africains, il n'est pas facile d'élargir l'assiette fiscale. En moyenne, ces dernières années, les recettes publiques dans les pays d'Afrique subsaharienne à faible revenu correspondent à 18 % du produit intérieur brut (PIB) contre 29 % dans les pays à revenu intermédiaire de la région. Le Fonds monétaire international estime que de nombreux pays à faible revenu pourraient augmenter leurs recettes fiscales d'environ 4 % du PIB (OCDE, 2014). Les systèmes qui prévoient des exonérations fiscales généreuses et où l'on observe de surcroit des taux élevés d'évasion fiscale chez les élites riches et les entreprises, inhibent fortement l'efficacité du recouvrement fiscal en Afrique subsaharienne. Au Burundi, par exemple, les exonérations fiscales en 2012 ont été estimées à 70 millions de dollars, soit l'équivalent de 3 % du PIB et environ un cinquième du total des recettes fiscales (Banque mondiale 2013). De même, des systèmes fiscaux trop complexes et le nombre limité de personnel qualifié pour superviser la perception des impôts entravent le recouvrement des impôts en toute efficacité. En Guinée équatoriale, la faiblesse de l'administration fiscale et l'inefficacité des dispositions institutionnelles (plusieurs organismes sont impliqués dans l'administration des recettes) sapent les efforts du gouvernement, visant à élargir l'assiette fiscale (Banque mondiale 2012).

Pour améliorer la mobilisation des recettes intérieures, les gouvernements devront s'attaquer aux politiques fiscales régressives et inéquitables, améliorer la transparence et investir de manière significative dans l'infrastructure informatique. Ce sont là autant de défis structurels, qui exigent d'adopter des horizons de réforme à moyen et long termes. En conséquence, il est peu probable qu'une augmentation des recettes intérieures à court et à moyen termes permette de répondre durablement à la demande croissante d'enseignement supérieur dans de nombreux pays d'Afrique subsaharienne.

Financement innovant pour l'enseignement supérieur

La budgétisation basée sur la performance et l'utilisation d'indicateurs de performance en rapport aux objectifs d'équité se sont avérés très utiles dans la poursuite de l'équité. Les mesures de la performance peuvent inclure des *indicateurs d'efficacité interne*, tels que les taux d'obtention de diplôme et de rétention, et des *indicateurs d'équité*, tels que la part d'inscriptions féminines et la part d'étudiants issus des ménages défavorisés dans l'effectif total. Bien qu'en 2013, aucun pays africain n'ait mis en œuvre un système complet de programme et de budgétisation basée sur la performance (PBBP), plus de 80 % des pays d'Afrique subsaharienne ont expérimenté ou se sont engagés à introduire une forme de PBBP (Cabri 2013). Dans la plupart des pays, les systèmes de PBBP sont mis en œuvre dans le cadre d'initiatives plus vastes de réforme de la gestion des finances publiques ou sont promus par un intérêt grandissant pour l'aide basée sur les produits ou la performance et les activités de bailleurs.

Des exemples de pays développés où des capitaux privés ont été mobilisés pour financer des systèmes d'enseignement supérieur pourraient être transférés dans les pays en développement. Parmi les exemples positifs, on peut citer l'émission d'obligations, la titrisation de prêts étudiants, la promotion de l'investissement dans des institutions privées par des sociétés de capital-investissement en prévision de bénéfices futurs et des partenariats à long terme avec le secteur philanthropique (Hahn 2007).

En ASS, le potentiel marchand de l'enseignement supérieur est souvent insuffisant pour encourager une plus grande participation des acteurs privés. Bien que la demande de produits financiers innovants en soutien aux étudiants et aux établissements d'enseignement supérieur soit élevée, les banques commerciales et les investisseurs du secteur privé ont jusqu'à présent hésité à tester ces produits et interventions. En conséquence, il faut que le cadre politique et réglementaire joue un rôle crucial et facilite la mobilisation de capitaux privés et des avantages y afférents, servant ainsi l'offre d'enseignement supérieur – par exemple, par l'exécution par les pouvoirs publics des remboursements de prêts. Parmi les autres mécanismes, on pourrait citer les partenariats public-privé facilités par les pouvoirs publics, l'adoption de codes fiscaux appropriés, et une meilleure collecte des données relatives au revenu pour une plus grande efficacité de la vérification des moyens (Hahn 2007).

Références

Badsha, N., and S. Wickham. 2013. *Review of Initiatives in Equity and Transformation in Three Universities in South Africa*. Wynberg, South Africa: Cape Higher Education Consortium (CHEC).

Bjarnason, S., H. A. Patrinos, J.-P. Tan, J. Fielden, and N. Larocque. 2008. "The Evolving Regulatory Context for Private Education in Emerging Economies." Working Paper 154, World Bank, Washington, DC.

Blunt, R. 2000. "Issues in School to College Transition in Developing Countries: The Case of South Africa." Paper presented at the annual meeting of the Association for the Study of Higher Education.

CABRI (Collaborative African Budget Reform Initiative). 2013. *Performance and Programme-Based Budgeting in Africa: A Status Report*. Pretoria: CABRI Secretariat.

Carrol, B. 2005. *Private Monies, Public Universities: Implications for Access and University Behavior—A Study of Makerere University (Uganda)*. Stanford, CA: Stanford University Press.

Castañeda, T., K. Lindert, B. de la Briere, L. Fernandez, C. Hubert, O. Larranaya. M. Orozco, and R. Viquez. 2005. "Designing and Implementing Household Targeting Systems: Lessons from Latin America and the United States." Social Protection Discussion Paper 526, World Bank, Washington, DC.

Experton, William, and Chloe Fevre. 2010. *Financing Higher Education in Africa*. Directions in Development Series. Washington, DC: World Bank.

Gioan, A. P. 2008. *Higher Education in Francophone Africa: What Tools Can Be Used to Support Financially-Sustainable Policies?* Washington, DC: World Bank.

Hahn, R. 2007. *The Global State of Higher Education and the Rise of Private Finance*. Washington, DC: Institute for Higher Education Policy, Global Centre for Private Financing of Higher Education.

Hino, H., and G. Ranis. 2014. *Youth and Employment in Sub-Saharan Africa: Working but Poor*. New York: Routledge.

Johnstone, D. B. 2004. "Cost-Sharing and Equity in Higher Education: Implications of Income Contingent Loans." *Higher Education Dynamics* 6: 37–59.

Johnstone, D. B., and P. Marcucci. 2010. *Financially Sustainable Student Loan Programs: The Management of Risk in the Quest for Private Capital*. Washington, DC: Institute for Higher Educational Policy, Global Center on the Private Financing of Higher Education.

Knight, Jane, ed. 2009. *Financing Access and Equity in Higher Education*. Rotterdam: Sense Publishers.

Liang, Xiaovang. 2004. "Uganda Post-Primary Education Sector Report." Africa Region Human Development Working Paper 30, World Bank, Washington, DC.

MacGregor, K. 2008. *Case Study: Namibia—University of Namibia*. Pathways to Higher Education: A Ford Foundation Global Initiative for Promoting Inclusiveness in Higher Education.

GUNI (Global University Network for Innovation). 2006. *Higher Education in the World 2006: The Financing of Universities*. London: Palgrave Macmillan UK.

Morley, L. 2006. *Gender Equity in Commonwealth Higher Education: An Examination of Sustainable Interventions in Selected Commonwealth Universities*. London: U.K. Department for International Development.

Morley, L., F. Leach, R. Lugg, E. Bhalalusesa, R. Mwaipopo, L. Dzama Forde, and

G. Egbanya. 2007. *Widening Participation in Higher Education in Ghana and Tanzania: Developing an Equity Scorecard*. Brighton: University of Sussex (U.K.) Centre for Higher Education & Equity.

Ng'ethe, N., N. Assie-Lumumba, G. Subotzky, and E. Sutheland-Addy. 2003. *Higher Education Innovations in Sub-Saharan Africa: With Specific Reference to Universities*. Accra: Association of African Universities.

Ng'ethe, N., G. Subotzky, and G. Afeti. 2008. *Differentiation and Articulation in Tertiary Education Systems: A Study of Twelve African Countries*. Washington, DC: World Bank.

OECD (Organisation for Economic Co-operation and Development). 2014. *Development Co-operation Report 2014: Mobilising Resources for Sustainable Development*. Paris: OECD Publishing.

Rowan-Kenyon, H., R. Blanchard, B. Reed, and A. Swan. 2009. "Social and Cultural Predictors of Low-SES Student Persistence in College." Association for the Study of Higher Education Conference, Vancouver.

Salmi, J., and A. M. Hauptman. 2006. *Innovations in Tertiary Education Financing: A Comparative Evaluation of Allocation Mechanisms*. Washington, DC: World Bank.

Salmi, J., B. Millot, D. Court, M. Crawford, P. Darvas, F. Golladay, L. Holm-Nielsen, R. Hopper, A. Markov, P. Moock, H. Mukherjee, W. Saint, S. Shrivastava, F. Steier, and R. van Meel. 2002. *Constructing Knowledge Societies*. Directions in Development Series. Washington, DC: World Bank.

Shen, H., and A. Ziderman. 2009. "Student Loans: Repayment and Recovery: International Comparisons." *Higher Education* 57: 315–33.

Tekleselassie, A., and D. B. Johnstone. 2004. "Means Testing: The Dilemma of Targeting Subsidies in African Higher Education." *Journal of Higher Education in Africa* 2 (2): 135–58.

Wanyama, Michael O. 2015. "Loan Scheme Will Increase Access to Higher Education for Needy." *Daily Monitor*, June 23.

World Bank. 2012. *Equatorial Guinea: Public Expenditure Review*. Washington, DC: World Bank.

———. 2013. *Burundi—Public Expenditure Review: Strengthening Fiscal Resilience to Promote Government Effectiveness*. Washington, DC: World Bank.

Zolt, E. M., and R. M. Bird. 2005. *Redistribution via Taxation: The Limited Role of the Personal Income Tax in Development Countries*. Los Angeles: University of California, Los Angeles, School of Law.

CHAPITRE 7

Études de cas approfondies de quelques pays

Introduction

Ce chapitre présente les études de cas de dix pays, qui illustrent comment les politiques d'enseignement supérieur influent sur les résultats et les tendances d'équité en Afrique subsaharienne (ASS). Les pays des études de cas ont été sélectionnés en fonction de la disponibilité de données, y compris les données de l'analyse approfondie du financement de l'enseignement supérieur publiée par la Banque mondiale. Le tableau 7.1 présente le résumé d'un certain nombre d'indicateurs de l'enseignement supérieur traités tout au long de cet ouvrage en rapport avec nos dix pays d'études de cas.

Cas du Ghana

Le secteur de l'enseignement supérieur du Ghana figure parmi les réussites de l'ASS. En 2011, les dépenses d'éducation du Ghana correspondaient à 8,1 % du produit intérieur brut (PIB) du pays. Environ 13 % du total des dépenses d'éducation sont consacrées à l'enseignement supérieur ; et à l'échelle régionale, le pays présente des taux de scolarisation au tertiaire relativement élevés. S'il est vrai que l'accès à l'enseignement supérieur bénéficie de façon disproportionnée au segment le plus riche de la population, le Ghana est l'un des quelques pays de la région où les étudiants issus des ménages des quintiles inférieurs de la distribution des revenus représentent une part respectable des effectifs au tertiaire. L'indice de parité est, en revanche, inférieur à la moyenne de l'ASS. Le rapport entre les dépenses par étudiant dans le tertiaire et les dépenses par étudiant dans le primaire est raisonnable, à hauteur de 3,9.

Le statut socioéconomique reste le déterminant le plus important des probabilités d'accès à l'enseignement universitaire d'un étudiant au Ghana. Une analyse de l'incidence des avantages indique que 47 % des avantages associés à la subvention de l'enseignement supérieur par les pouvoirs publics bénéficient aux étudiants du quintile le plus élevé de la distribution des revenus, contre 5 % pour

Tableau 7.1 Indicateurs de l'enseignement supérieur dans quelques pays d'ASS

Indicateur Ghana	Ghana	Guinée	Kenya	Malawi	Mozambique	Niger	Nigéria	Sénégal	Sierra Leone	Ouganda
Effectifs dans l'enseignement supérieur pour 100 000 habitants, sans considération du sexe	1 370	931,9	422	79	496	126,9	997	711,2	600	399
Taux brut de scolarisation, indice de parité entre les sexes au niveau tertiaire	0,63	0,44	0,7	0,65	0,69	0,34	0,72	0,59	0,79	0,78
Taux brut de scolarisation, postsecondaire, 40 % inférieurs	1,38	—	1,32	0	0	4,3	1,57	13,2	0	3,32
Taux brut de scolarisation, postsecondaire, quintile le plus riche	12,75	—	10,42	5,92	5,61	47	20,22	19,3	8,9	11,78
Ratio coût par étudiant dans le tertiaire et coût par élève dans le primaire	3,9	13,1	11,4	224,5	12	—	—	—	—	12,3

Source : Statistiques sur l'éducation de la Banque mondiale.
Note : ASS = Afrique subsaharienne. "— = non disponible."

les étudiants du quintile de revenu le plus faible (figure 7.1). Les disparités dans l'enseignement supérieur sont représentatives de l'inéquité cumulée au cours des cycles de l'enseignement pré-tertiaire. Les étudiants issus des ménages relativement plus riches sont plus susceptibles de fréquenter des écoles privées et de bénéficier d'un enseignement de qualité, et de faire appel à des professeurs particuliers pour les aider à se préparer à l'enseignement supérieur. Un ménage du quintile de revenu le plus élevé dépense, en moyenne, 11 fois plus pour scolariser un enfant dans le primaire et le premier cycle du secondaire qu'un ménage du quintile le plus bas de la distribution des revenus (figure 7.2). Les mesures équivalentes relevées pour le second cycle du secondaire et l'enseignement supérieur sont respectivement de 3,8 et 3.

En 1997, le Ghana a rendu obligatoire le partage des coûts de l'enseignement supérieur en adoptant l'Accord d'Akosombo. Dans le cadre du système actuel, 70 % du financement total de l'enseignement universitaire provient des ressources du gouvernement et les 30 % restants des recettes générées à l'interne, des frais de scolarité et de dons privés. Parmi ces trois dernières sources de recettes, ce sont les frais de scolarité qui génèrent la plus grosse part du financement non-public. À l'origine, les frais de scolarité n'allaient être appliqués qu'aux étudiants internationaux qui ne faisaient pas plus de 10 % du nombre d'inscrits. Cependant, lorsque les étudiants internationaux n'atteignaient pas le seuil de 10 %, les institutions

Figure 7.1 Incidence des avantages aux différents cycles de l'enseignement

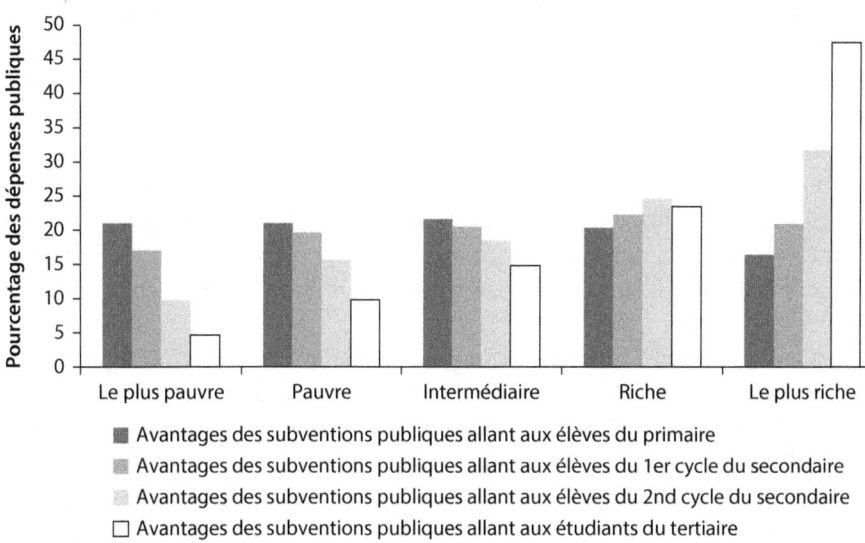

- Avantages des subventions publiques allant aux élèves du primaire
- Avantages des subventions publiques allant aux élèves du 1er cycle du secondaire
- Avantages des subventions publiques allant aux élèves du 2nd cycle du secondaire
- Avantages des subventions publiques allant aux étudiants du tertiaire

Source : Les calculs sont basés sur les données d'une enquête auprès des ménages.

Figure 7.2 Dépenses moyennes en éducation du ménage selon le quintile de revenus

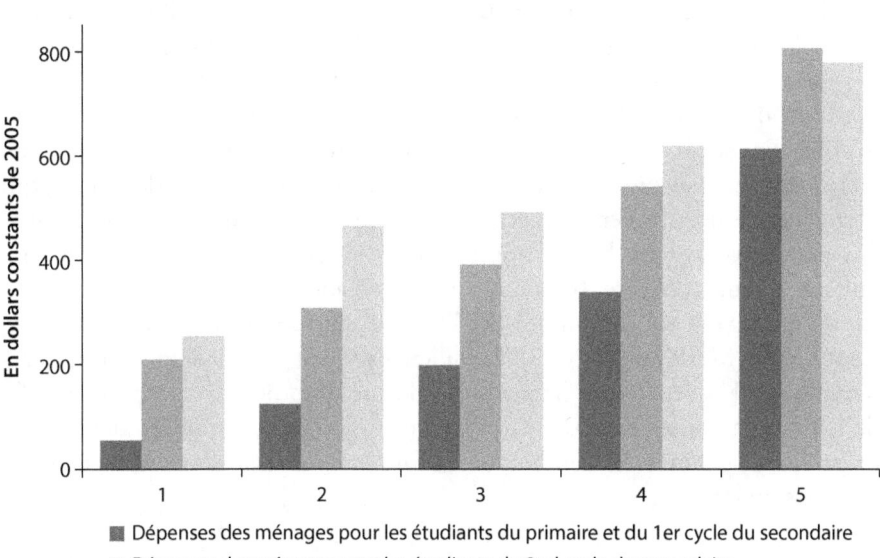

- Dépenses des ménages pour les étudiants du primaire et du 1er cycle du secondaire
- Dépenses des ménages pour les étudiants du 2nd cycle du secondaire
- Dépenses des ménages pour les étudiants du tertiaire

Source : Les calculs sont basés sur les données d'une enquête auprès des ménages.

étaient autorisées à compléter le quota en appliquant des frais de scolarité à des étudiants ghanéens, qui n'auraient pu être admis à l'université autrement. Dans la pratique, le système ghanéen suit, dans leurs grandes lignes, les pratiques d'admission par deux voies que l'on observe couramment dans d'autres systèmes d'enseignement supérieur d'Afrique et d'Europe de l'Est (Marcucci 2007).

En 2007, le Ghana a mis en place le Fonds de prêts étudiants (*Student Loan Trust Fund*, SLTF) qui accorde des prêts sur la base d'une évaluation des moyens et de la gamme de programmes à la disposition des étudiants. De manière louable, les prêts consentis sous les auspices du SLTF sont soumis à des taux d'intérêt réels, ce qui réduit au minimum les pertes que le gouvernement pourrait encourir à cause de l'inflation, l'administration des prêts et des défauts de paiement. Le programme de prêt du SLTF est, toutefois, paralysé par des retards de distribution des prêts aux étudiants ; et parce que les écoles exigent le paiement des frais de scolarité avant le début de l'année universitaire, ces retards affectent de façon disproportionnée les étudiants issus des groupes défavorisés.

Le Gouvernement du Ghana a travaillé sur la question des pratiques d'admission dans un effort visant à améliorer l'équité dans l'enseignement supérieur. En 2005, le gouvernement a remplacé le système dans lequel la sélection des étudiants du second cycle du secondaire admis revenait à la direction des universités par un Système informatisé de sélection et de placement académique. Le système actuel perpétue la discrimination à l'encontre des étudiants issus du milieu rural parce qu'il privilégie les notes des étudiants aux examens, lesquelles dépendent de façon disproportionnée de la qualité d'enseignement reçue par un étudiant et du fait que la plupart des écoles ayant de bons résultats du pays se trouvent en milieu urbain (Anyan 2011). Dans l'Initiative pour les écoles moins privilégiées (EMP), les écoles secondaires défavorisées de chaque district sont déterminées à partir d'indicateurs, tels que le taux de pauvreté de la localité, le renouvellement des enseignants et l'accessibilité relative. De son côté, l'Université des sciences et technologies de Kwame Nkrumah s'est fait pionnière d'un système d'admission à base de quotas, qui permet aux étudiants venant d'écoles classifiées en tant qu'EMP et ayant satisfait aux exigences de base d'admission de s'inscrire même s'ils n'ont pas obtenu le seuil concurrentiel requis pour être admis aux divers programmes. Cette initiative a été reproduite par l'Université du Ghana et l'Université de Cape Coast (Morley et al. 2007). Par ailleurs, le seuil d'admission des candidats féminins à l'Université du Ghana a été abaissé d'un point par rapport à celle de leurs homologues masculins et l'Université pour les études en développement accepte toutes les candidatures féminines, qui satisfont aux exigences d'admission de base.

Cas de la Guinée

En 2007, le Gouvernement de la Guinée a lancé un plan de réforme du secteur de l'éducation axé sur l'élimination des disparités et l'amélioration des résultats d'enseignement et d'apprentissage. Le plan de l'éducation a fixé des objectifs pour améliorer la couverture et la rétention, améliorer la qualité de l'apprentissage à tous les niveaux de l'éducation et diversifier l'offre d'éducation. Des cibles spécifiques ont été fixées pour 2015, y compris l'élaboration de programmes dotés de la capacité et de la qualité requises pour répondre aux besoins de l'économie guinéenne en enseignement supérieur ; l'amélioration des investissements dans les infrastructures ; et l'augmentation des dépenses par étudiant. Toutefois, les interventions correspondant à ces objectifs n'ont pas été effectivement mises en œuvre.

La population guinéenne est très jeune et croît rapidement, en particulier en milieu urbain. La population d'âge scolaire représente environ la moitié de la population totale du pays et la taille de la cohorte générationnelle correspondant au secondaire croît plus rapidement que la population générale, à un taux de 3,3 à 3,4 %. Entre 1998 et 2011, les effectifs dans le primaire ont plus que doublé (passant d'environ 74 000 à plus de 1,6 million d'étudiants) et les effectifs du secondaire ont quadruplé (d'environ 154 000 à plus de 650 000). Sur la même période, la part des effectifs dans les établissements privés a rapidement augmenté dans tous les cycles de l'enseignement.

La Guinée présente des niveaux de disparité élevés sur l'ensemble de son système éducatif. Le sexe, le milieu de résidence et les dynamiques socioéconomiques sont les facteurs se renforçant mutuellement, qui exacerbent les disparités d'accès et de performance. Les taux de scolarisation des enfants issus de ménages pauvres sont largement inférieurs à la moyenne nationale, y compris dans le cycle primaire censé être obligatoire. Les enfants pauvres et ruraux sont plus susceptibles de redoubler et d'abandonner, moins susceptibles de passer en classe supérieure et plus susceptibles de fréquenter des écoles caractérisées par des résultats d'apprentissage sous-optimaux et de mauvaises infrastructures. À l'extérieur de Conakry, la capitale, 40 % des enfants âgés de 6 à 10 ans ne sont pas scolarisés. Le taux d'abandon scolaire moyen chez les enfants et les jeunes (7 à 20 ans) est de 53 % (personnes n'ayant jamais été scolarisées et ayant abandonné l'école incluses) ; dans le quintile de revenu le plus élevé, ce taux est seulement de 20 %. La moitié des jeunes et des enfants issus de ménages dont l'activité principale est l'agriculture ne sont pas scolarisés, contre seulement 1 enfant sur 10 chez les ménages dont les activités économiques sont liées à la fonction publique, à la santé et à l'éducation.

En Guinée, la distribution sociale des coûts associés à l'enseignement est régressive. Le ménage guinéen moyen affecte environ 13 % de ses revenus disponibles à l'éducation ; dans les ménages plus pauvres, la part des revenus disponibles allouée à l'éducation est beaucoup plus élevée.

L'enseignement supérieur en Guinée est concentré de façon disproportionnée dans la capitale comme en témoigne le fait que 65 % de tous les effectifs au tertiaire se trouvent à Conakry. Les étudiants de sexe masculin représentent les trois quarts du total des effectifs de l'enseignement supérieur.

En 2012, les dépenses publiques en éducation en Guinée correspondaient à environ 2,6 % du PIB, ce qui traduit une baisse, ce taux étant respectivement de 4,4 % et 3,1 % en 2010 et 2011. Les années 2009 et 2010 étaient les années où le gouvernement de transition était au pouvoir et elles ont été caractérisées par la réalisation de dépenses extravagantes dans de nombreux secteurs. Les niveaux de dépenses de ces années ne peuvent donc pas être interprétés comme signifiant un engagement particulier à accroître les investissements dans le secteur de l'éducation.

Si le secteur du tertiaire en Guinée ne concentre que 8 % du total des effectifs du système éducatif national, il bénéficie d'un tiers du total des dépenses publiques dans le secteur. Les étudiants inscrits dans les établissements universitaires publics ainsi que privés reçoivent des bourses ou l'aide financière du gouvernement. En 2012, le Gouvernement guinéen a alloué 175 milliards FG pour appuyer les dépenses sur les bourses et les transferts directs aux étudiants de l'enseignement supérieur, ce qui correspond à la moitié des dépenses courantes de l'enseignement supérieur. L'enseignement supérieur reçoit aussi la plus grande part du total des dépenses d'investissement allouées au secteur de l'éducation. La subvention de l'enseignement supérieur à travers les bourses et autres transferts aux étudiants est perçue comme un programme d'indemnités, qui bénéficie aux étudiants et aux universités ; de ce fait, toute réforme politique du système actuel s'avèrera très difficile malgré son inefficience relative (Banque mondiale 2015).

Cas du Kenya

En 2010, le Gouvernement du Kenya a alloué l'équivalent de 5,5 % de son PIB aux dépenses d'éducation et 15 % du total des dépenses d'éducation ont été affectés à l'enseignement supérieur. Le Kenya a atteint des taux bruts de scolarisation (TBS) relativement élevés dans le primaire et le secondaire, à hauteur de 114 % et de 67 % respectivement. Les effectifs de l'enseignement supérieur sont de 422 pour 100 000 habitants. L'indice d'équité entre les sexes pour l'inscription dans le tertiaire est de 0,7, ce qui est dans la moyenne de l'ASS.

Le Kenya s'est lancé dans une politique d'admission par deux voies pour l'enseignement supérieur en 1998. Le système d'enseignement supérieur actuel admet un nombre restreint d'étudiants sur la base du mérite et à très faible coût (à cause de la subvention publique accordée à ces étudiants) et les candidats restants sont admis en tant qu'étudiants payants. Dans les universités privées, les frais sont appliqués en vue d'un recouvrement total des coûts, suivant la logique du marché (Ngome 2003).

La majorité des étudiants amis dans les universités publiques en tant qu'étudiants réguliers ont fréquenté des écoles secondaires de qualité qui, elles-mêmes, n'admettent de plus en plus que les élèves des écoles primaires privées coûtant relativement plus cher. Les étudiants provenant d'écoles privées ont, en moyenne, des résultats meilleurs que ceux des étudiants des écoles publiques aux examens nationaux pour l'obtention du certificat de fin d'études primaires du Kenya (*Kenya Certificate of Primary Education*, KCPE) et le certificat de fin d'études secondaires du Kenya (*Kenya Certificate of Secondary Education*, KCSE) (Amburo 2011). Les problèmes d'équité découlant de la disparité ont amené le gouvernement à envisager l'introduction d'un système de quotas pour limiter le nombre d'étudiants venant d'écoles privées admis dans les universités, une décision qui a reçu un large soutien (Mulongo 2013).

Le taux de scolarisation des étudiants de sexe féminin est plus élevé dans les universités privées que publiques. Le taux d'inscription relativement élevé des étudiants de sexe féminin dans les universités privées reflète à son tour la performance relative des étudiants du secondaire de sexe masculin et féminin au KCSE et la proportion plus petite d'étudiants de sexe féminin dont les résultats atteignent le seuil d'admission aux universités publiques. Les modes d'admission sont, par ailleurs, en cohérence avec les disparités régionales. Selon le Forum pour la gestion de la politique de développement (DPMF 2012), les modes d'accès à l'éducation au Kenya perpétuent les politiques de développement coloniales, qui ont distribué les avantages au bénéfice disproportionné de certaines régions.

Le gouvernement a créé le Comité des prêts pour l'enseignement supérieur (*Higher Education Loans Board*, HELB) pour administrer des prêts sujets à des vérifications des moyens en appui aux étudiants inscrits dans les universités publiques aussi bien que privées. Le HELB priorise l'appui aux étudiants dont le besoin a été établi à la lumière de la vérification des moyens, aux étudiants orphelins du VIH/SIDA et aux étudiants originaires de régions classées comme défavorisées. En revanche, dans la pratique, le HELB n'a pas la capacité effective de mesurer les revenus des ménages, comme en témoigne le fait qu'une étude a estimé qu'environ 25 % des récipiendaires de prêts ont menti sur le niveau d'instruction, l'emploi et les revenus de leurs parents (Mwiria et Ng'ethe 2002).

Même si les étudiants inscrits dans les universités privées sont éligibles aux prêts administrés par le HELB, la valeur de ces prêts est généralement insuffisante pour couvrir les coûts. Les frais de scolarité dans les universités privées peuvent coûter jusqu'à 11 fois ce qu'ils coûtent dans les universités publiques. Le HELB ne peut pas augmenter la valeur des prêts pour soutenir le coût des frais de scolarité dans les universités privées sans déclencher des demandes pour des frais de scolarité plus élevés de la part des universités publiques (Otieno 2004).

Cas du Malawi

Bien que le système d'enseignement supérieur au Malawi reste relativement limité, la participation à l'enseignement supérieur n'a cessé d'augmenter. En 2011, il n'y avait que 79 étudiants au niveau tertiaire pour 100 000 habitants, ce qui est nettement inférieur à la moyenne de l'Afrique subsaharienne. La faiblesse persistante des inscriptions dans l'enseignement supérieur est en partie due à la faiblesse de la scolarisation au niveau secondaire où le TBS n'est que de 15 %. La pauvreté contribue de manière significative aux faibles niveaux de participation au secondaire parce que les écoles secondaires publiques ont pour pratique de faire payer des frais (Hall et Mambo 2015). De plus, l'admission nette à l'Université du Malawi est limitée au nombre de places en classes et au nombre de lits disponibles à l'université. Ainsi, l'université n'admet que 1 000 nouveaux étudiants chaque année et de nombreux candidats pourtant qualifiés sont rejetés.

Du point de vue de l'équité, le système éducatif du Malawi est confronté à des défis importants. Cinquante-quatre pour cent (54 %) des subventions publiques en faveur de l'enseignement primaire profitent aux élèves des deux quintiles de revenu les plus pauvres, et 9 % aux élèves du quintile supérieur de la distribution des revenus. Dans l'enseignement secondaire, la part des subventions publiques allant aux élèves des deux quintiles inférieurs de la distribution des revenus des ménages diminue à 18 %. Dans l'enseignement supérieur, le caractère régressif des subventions publiques devient encore plus marqué : seuls 3 % des subventions publiques à l'enseignement supérieur bénéficient aux étudiants issus des deux quintiles inférieurs de la distribution des revenus, alors que les étudiants du quintile supérieur de la répartition des revenus des ménages s'attirent 82 % des subventions publiques. Le coût unitaire de l'enseignement supérieur par rapport au coût unitaire de l'enseignement primaire est 225 fois plus élevé, ce qui est alarmant. Après l'introduction du partage des coûts dans l'enseignement supérieur, le gouvernement du Malawi a appuyé l'octroi de prêts aux étudiants du tertiaire à travers un certain nombre de programmes de prêts. Cependant, le recouvrement de ces prêts a généralement été peu efficace (Hall et Mambo 2015).

L'indice de parité au niveau tertiaire au Malawi est, à 0,65, inférieur à la moyenne de l'Afrique subsaharienne. L'Université du Malawi met en œuvre des critères d'action positive pour encourager les inscriptions féminines. Reconnaissant que la faible participation des filles est en partie une conséquence de la mauvaise qualité des installations destinées à accueillir les étudiantes, un certain nombre d'universités sont en train de construire et de rénover des logements pour étudiantes. Au Malawi, les étudiantes sont moins susceptibles de s'inscrire dans l'enseignement supérieur si elles doivent quitter leur district d'origine. En conséquence, le *Chancellor College* prévoit d'ouvrir des campus satellites, en partie pour faciliter la participation féminine. Le *Chancellor College* emploie également un enseignant spécialisé, qui aide actuellement 15 étudiants en situation de handicap.

D'importantes disparités sont également évidentes entre milieux géographiques : par exemple, en 2014, le ratio élèves-enseignant dans les écoles secondaires en milieu urbain était de 35 : 1 contre 50 : 1 en milieu rural (Hall et Mambo 2015).

Cas du Mozambique

En 2013, les dépenses totales d'éducation au Mozambique équivalaient à 6,6 % du PIB et l'allocation publique totale pour l'enseignement supérieur équivalait à 0,9 % du PIB. Compte tenu du fait que le Mozambique est l'un des pays les plus pauvres au monde, le taux de 13,7 % du total des dépenses d'éducation affectées à l'enseignement supérieur semble raisonnable. En 2013, le TBS au niveau secondaire était d'environ 26 %. La faible participation à l'enseignement secondaire sous-tend la faiblesse des inscriptions à l'enseignement supérieur (Cloete et al. 2011). D'un point de vue régional, avec 496 étudiants inscrits au tertiaire pour 100 000 habitants en 2013, le Mozambique affiche de piètres résultats si on le compare au Zimbabwe ou au Botswana, qui comptent respectivement 665 et 2 727 étudiants inscrits dans l'enseignement supérieur.

L'indice de parité au niveau tertiaire est dans la moyenne de l'Afrique subsaharienne. La situation en termes de parité est quelque peu meilleure dans certaines institutions privées par rapport aux universités publiques. Les niveaux relativement élevés d'inscriptions féminines sont dus en partie aux possibilités d'accès et au caractère abordable des études supérieures, ainsi qu'à la diversité des diplômes offerts dans les différentes institutions.

La médecine, le droit et la comptabilité présentent des taux d'inscriptions féminines disproportionnés, alors que la part des effectifs féminins dans l'ingénierie est nettement inférieure à la moyenne (Brito 2003).

Historiquement, le développement de l'enseignement supérieur a été inégal du point de vue géographique, avec une concentration dans les provinces du sud (Maputo, Gaza et Inhambane) du pays, au détriment des provinces du centre (Manica, Sofala, Tete et Zambezia) et des provinces du nord (Nampula, Niassa et Cap Delgado). Les provinces du sud sont, en outre, plus proches de la capitale, Maputo, et de la grande puissance économique de la région, l'Afrique du Sud. Les inscriptions dans l'enseignement supérieur sont beaucoup plus faibles parmi les populations des provinces du centre et du nord que dans les provinces du sud (Mário et al. 2003).

Le Mozambique n'a actuellement aucun programme national d'aide financière pour les étudiants de l'enseignement supérieur. En 2002, le gouvernement a introduit le Mécanisme d'amélioration de la qualité et d'innovation, un système de bourses provincial, qui a amélioré l'accès à l'enseignement supérieur pour les étudiants issus de milieux ruraux pauvres (Bailey, Cloete et Pillay 2011). Par la suite, le programme de bourses a été élargi aux étudiants inscrits dans des établissements privés d'enseignement supérieur.

Cas du Niger

En 2014, 21,7 % du total des dépenses publiques au Niger ont été consacrés à l'éducation, soit 6,8 % du PIB. Les dépenses en appui à l'éducation au Niger, en proportion du PIB, sont nettement plus élevées que la moyenne des pays de la région. En 2010, 60 % du total des dépenses allouées à l'éducation étaient consacrés à l'enseignement primaire, 25 % à l'enseignement secondaire et 12 % à l'enseignement supérieur (le solde de 3 % étant alloué à l'éducation non formelle).

L'accès à l'éducation s'est amélioré au Niger mais reste très faible et très inéquitable. Poussé par l'impératif d'atteindre les Objectifs du millénaire pour le développement dans le domaine de l'éducation, le Niger a réalisé d'importants progrès dans la période 2001-2010, doublant pratiquement le TBS à l'enseignement primaire, qui est passé de 35 % à 67 % (et de 29 % à 60 % chez les filles). En dépit de ces réalisations, les taux de scolarisation au primaire et au secondaire du Niger restent inférieurs à ceux de tous les autres pays d'Afrique subsaharienne à l'exception de la République centrafricaine. Et, bien que la part des enfants issus de ménages pauvres dans ces taux de scolarisation au primaire ait augmenté rapidement au cours des dix dernières années, les disparités demeurent importantes.

Tableau 7.2 Niveaux de revenu (FCFA horaire) en fonction du niveau d'instruction et de la catégorie professionnelle

Catégorie	Total	Employé	Indépendant, Non-agricole
Aucune scolarité	32	72	107
Primaire	43	153	161
Secondaire	69	277	127
EFTP	390	417	264
Enseignement supérieur	669	669	162

Source : Banque mondiale 2010.
Note : FCFA = Franc CFA d'Afrique de l'Ouest ; EFTP = enseignement et formation techniques et professionnels.

En 2011, le TBS à l'enseignement secondaire au Niger était de 14,4 %, ce qui est nettement inférieur à la moyenne de l'ASS de 40,4 %. Le TBS au second cycle de l'enseignement secondaire au Niger est encore plus faible à 4 %. Le nombre d'étudiants inscrits dans l'enseignement supérieur par 100 000 habitants au Niger était seulement 123 en 2014, contre une moyenne régionale de 1 212.

Comme l'illustre le tableau 7.2 ci-dessous, les rendements de l'éducation au Niger augmentent avec le niveau d'instruction, les gains de revenus étant particulièrement élevés dans le passage du secondaire vers l'enseignement et la formation techniques et professionnels (EFTP) et de l'EFTP vers l'enseignement supérieur (Banque mondiale 2014).

Cas du Nigéria

Partant de son engagement à rendre l'enseignement supérieur accessible à tous les jeunes indépendamment de leur statut socioéconomique ou de leur appartenance ethnique, le Gouvernement du Nigéria assure la gratuité des études au premier cycle pour tous les étudiants inscrits dans les universités fédérales. En conséquence, les universités fédérales du Nigéria dépendent fortement des subventions publiques pour couvrir leurs frais de fonctionnement. Cependant, les transferts publics restent insuffisants pour faire face à la demande croissante d'enseignement supérieur, et il y a une pression croissante sur le gouvernement pour réformer la politique actuelle. Par le biais de la Commission nationale des universités, toutes les universités fédérales sont tenues de générer 10 % de leurs fonds annuels en interne (Jaja 2013).

L'admission à l'enseignement supérieur au Nigéria est basée sur la performance d'un étudiant à l'Examen unifié d'inscription au niveau tertiaire, qui est administré par le Conseil conjoint des admissions et des inscriptions. La recherche indique que très peu de postulants à l'université sont admis, une étude montrant que seuls 5,2 à 15,3 % des candidats sont reçus chaque année (Aluede, Idogho et Imonikhe 2012). Non seulement les perspectives d'admission sont généralement assez limitées, mais les critères de sélection présentent également un biais en faveur de certains groupes. Les directives fédérales d'admission dans les universités donnent la priorité au mérite (45 %), à la zone de recrutement ou à la localité (35 %) et à la promotion de l'accès pour les étudiants des États moins développés du point de vue éducation (20 %). Les zones de recrutement correspondent à des zones géographiques à partir desquelles un établissement d'enseignement supérieur est autorisé ou obligé de choisir ses candidats (Moti 2010). Dans la pratique, le système exclut de nombreux candidats méritants et admet de nombreux candidats au mérite moindre en raison de leurs relations politiques ou de leur lieu d'origine (Nwagwu 1997).

L'indice de parité au Nigéria pour les inscriptions dans l'enseignement supérieur est dans la moyenne de l'Afrique subsaharienne. Cependant, il y a une forte sous-représentation des femmes au sein du personnel. Les enseignantes ne représentent que 6,9 % du total du personnel académique et plus de 70 % des professeures sont concentrées dans les filières des sciences humaines (Ogbogu 2009). Un certain nombre d'universités ont pris des mesures pour remédier au déséquilibre entre les sexes. Par exemple, l'Université Obafemi Awolowo, en partenariat avec la Carnegie Corporation, a mis en œuvre un projet d'équité entre les sexes pour promouvoir la participation des femmes au moyen de bourses pour les étudiantes et le personnel féminin, d'ateliers de sensibilisation et de plaidoyer, de programmes d'éclaircissement et de sensibilisation et du réseautage avec les universités à l'intérieur et à l'extérieur du Nigéria (Abiose 2008).

Cas du Sénégal

En 2011, le Sénégal a alloué 32 % de son budget de fonctionnement national au secteur de l'éducation, ce qui représente la part la plus élevée des dépenses récurrentes consacrées à l'éducation dans toute l'Afrique subsaharienne. L'enseignement supérieur reçoit 24 % du budget de l'éducation, soit 1,2 % du PIB. En proportion du PIB, les dépenses du Sénégal pour l'enseignement supérieur sont environ le double de la moyenne de l'Afrique subsaharienne (0,6 %) et plus du double de la moyenne de l'Asie du Sud, qui est de 0,5 %.

Les allocations publiques aux établissements d'enseignement supérieur (EES) sont fixées sur la base d'un budget négocié. Ainsi, le financement public n'est pas lié à la performance des institutions et peut varier fortement d'une année à l'autre. Les dépenses publiques consacrées à l'enseignement supérieur public vont de manière disproportionnée aux subventions en soutien aux étudiants au détriment des dépenses de fonctionnement. Entre 2005 et 2008, les dépenses consacrées aux bourses d'études et autres services aux étudiants représentaient 62 % du total des dépenses récurrentes d'appui à l'enseignement supérieur.

Ces dernières années, les dépenses consacrées aux établissements d'enseignement supérieur ont systématiquement dépassé les ressources disponibles, même si les déficits sont à la baisse. En raison des pressions résultant d'une part d'une demande croissante pour l'enseignement supérieur et d'autre part de restrictions de plus en plus fortes sur les ressources, les établissements d'enseignement supérieur du Sénégal s'efforcent de plus en plus d'accroître leurs revenus, indépendamment des allocations publiques. Entre 2005 et 2008, les revenus générés par les universités (provenant principalement de cours payants) ont augmenté à un taux annuel de 12,9 %, dépassant la croissance du financement public pour le secteur (9,8 %).

Une comparaison des gains mensuels ventilés par niveau d'instruction montre que les travailleurs titulaires d'un diplôme d'études supérieures obtiennent une prime salariale substantielle. Les salaires moyens augmentent d'environ 10 % chaque fois qu'on monte d'un palier dans le niveau d'instruction (primaire, secondaire et professionnel et technique), à l'exception de l'enseignement supérieur où le salaire moyen est le double de celui de l'enseignement secondaire général. Si l'on tient compte des revenus auxquels l'étudiant renonce et des dépenses privées pour l'éducation, le taux de rendement interne privé de l'enseignement supérieur est estimé entre 12,7 et 17,2 % au Sénégal, ce qui constitue une forte incitation à investir dans l'enseignement supérieur pour les personnes.

L'inégalité dans l'accès aux ressources publiques entraîne des disparités importantes dans l'éducation. En 2005, le coefficient de Gini pour les dépenses d'enseignement supérieur au Sénégal était de 0,59. Le nombre d'étudiants sénégalais à l'étranger, qui ont bénéficié de bourses publiques est passé de 1 200 en 2000 à 5 600 en 2008. Beaucoup de ces étudiants auraient été inscrits à des programmes disponibles au Sénégal et dispensés par des universités locales et seuls 5 % environ sont retournés au Sénégal au terme de leurs études.

L'efficacité interne de l'enseignement supérieur est faible. Le nombre d'étudiants, qui entrent dans les EES et terminent leurs études dans les délais habituels des programmes est très faible. Les dirigeants des institutions affirment que les étudiants veulent rester dans les établissements d'enseignement supérieur le plus longtemps possible parce qu'ils continuent de recevoir une bourse d'études aussi longtemps qu'ils sont inscrits. Étant donné que de nombreux diplômés ont de la difficulté à trouver un emploi sur le marché du travail, certains estiment qu'étudier dans l'enseignement supérieur est un moyen de gagner un revenu. Le gouvernement actuel est conscient de ce problème, mais n'a pas encore pu apporter de changement, en partie parce qu'il a été à l'origine de la politique de bourse.

Cas du Sierra Leone

Avant le bouleversement social que la dernière épidémie d'Ebola a causé, la demande d'éducation a toujours été élevée en Sierra Leone. La demande croissante pour l'éducation est largement due à la jeunesse relative de la population du pays : environ 70 % des habitants ont moins de 30 ans, et 40 % de la population totale se trouve dans les cohortes en âge de fréquenter un établissement d'éducation, que ce soit pour l'éducation de la petite enfance, l'éducation de base ou l'école secondaire, c'est-à-dire les 3 à 17 ans (Guerrero 2014). L'amélioration de l'offre de l'éducation au cours de la dernière décennie a permis d'accroître l'accès à l'éducation à tous les niveaux, notamment aux niveaux post-primaires.

Bien que la participation à l'éducation pré-primaire soit faible en Sierra Leone, l'accès à l'éducation primaire est dans la moyenne de l'Afrique subsaharienne. Le TBS au secondaire est plus élevé que pour les autres pays d'Afrique subsaharienne (Banque mondiale 2013).

Les inscriptions dans l'enseignement supérieur sont passées de 8 913 en 2000-2001 à 31 103 en 2011-2012. L'enseignement supérieur privé, en particulier, a connu un essor au cours de la dernière décennie, le nombre d'établissements d'enseignement supérieur privés étant passé de zéro en 2004 à 24 en 2011. Malgré l'amélioration des inscriptions nettes, avec un taux d'inscription au tertiaire estimé à 600 pour 100 000 habitants en 2011, la couverture en enseignement supérieur reste faible par rapport à ce que l'on observe dans les autres pays de la sous-région (Banque mondiale 2013).

Entre 2004 et 2011, les dépenses d'éducation en Sierra Leone ont été relativement stables ; mais, à 3,9 %, ces dépenses en pourcentage du PIB sont faibles en comparaison avec le reste de la région et de l'Afrique subsaharienne. Cette observation faite, il faut reconnaître que le secteur de l'éducation consomme 29 % des dépenses récurrentes du pays contre une moyenne de 22 % dans les autres pays à faible revenu de la région (Banque mondiale 2013).

Le Gouvernement de la Sierra Leone a donné la priorité à l'amélioration du financement du secteur de l'enseignement supérieur, avec une augmentation importante des financements en 2012, parallèlement à une augmentation salariale négociée pour le personnel des établissements d'enseignement supérieur. Dans la période avant l'augmentation de 2012, les dépenses publiques pour l'enseignement supérieur se situaient en moyenne entre 18 et 20 % du total des dépenses publiques pour l'éducation. Suite à l'augmentation des salaires en 2012, les dépenses publiques consacrées à l'enseignement supérieur ont augmenté pour atteindre 23 % du total des dépenses d'éducation (Banque mondiale 2013).

Bien que le taux d'inscription des filles dans l'enseignement supérieur soit plutôt faible, entre 2000 et 2011, la proportion d'étudiantes dans le public est passée de 29 à 36 % (Guerrero 2014). L'indice de parité est de 0,79, ce qui est relativement élevé au niveau de la sous-région. Bien que l'épidémie d'Ebola ait négativement affecté toute l'éducation en Sierra Leone, elle a eu un impact prononcé sur l'éducation des filles et des femmes. Les familles qui ont perdu un soutien de famille se sont retrouvées dans l'incapacité à se procurer de la nourriture, et encore moins à payer des frais pour l'éducation. En conséquence, de nombreux enfants ont été retirés de l'école pour gagner de l'argent pour la famille, ce qui a entraîné une plus grande incidence des grossesses d'adolescentes (Bordner 2016).

Du point de vue de l'équité, les disparités dans l'enseignement supérieur en Sierra Leone sont liées en grande partie au niveau de richesse des ménages et au milieu géographique. L'Enquête intégrée auprès des ménages réalisée en 2011 a montré que seuls 0,4 % du segment le plus pauvre de la population et 1 % de la population rurale sont inscrits dans l'enseignement supérieur. Cependant, l'enquête a montré que 13,4 % du segment le plus riche de la population et 9,9 % des résidents urbains sont inscrits dans l'enseignement supérieur (Guerrero 2014). Les quatre régions du pays accueillent chacune au moins un EES public, mais ceux-ci sont principalement implantés dans les grandes villes. Les EES privés sont principalement situés dans les centres urbains, en particulier à Freetown, la capitale (Banque mondiale 2013). La moitié des 14 districts du pays, y compris la plupart des districts ruraux, ne disposent pas d'établissements d'enseignement supérieur (Guerrero 2014). Les étudiants sierra léonais doivent obtenir la note de passage dans au moins cinq matières lors de leurs examens de fin du secondaire pour pouvoir être admis à une université ou dans quatre matières pour être admis à d'autres établissements d'enseignement supérieur. Dans de nombreux cas, les établissements exigent que les matières où les notes de passage ont été obtenues comprennent l'anglais et les mathématiques. Le nombre de candidats sierra léonais qui ont participé à l'Examen de fin d'études secondaires de l'Afrique de l'Ouest (WASSCE) a quadruplé entre 2003 et 2011, passant de 11 135 étudiants à 44 790. Cependant, le taux de réussite (correspondant à l'obtention de la note de passage dans quatre matières au moins) reste très faible : en 2011, seuls 10 % des étudiants qui se sont présentés à l'examen WASSCE ont été admis, et seuls 5 % ont obtenu la note de passage en mathématiques, une des conditions d'admission à une université (Banque mondiale 2013). Les élèves des zones rurales et des quartiers pauvres où l'enseignement est de mauvaise qualité et où les écoles disposent de peu de soutien d'enseignement ont une performance particulièrement faible à l'examen WASSCE.

Tous les étudiants inscrits dans l'enseignement supérieur en Sierra Leone sont supposés payer des frais d'études. Le gouvernement gère un système de subventions en soutien aux étudiants de l'enseignement supérieur, mais le processus d'allocation de ces subventions manque de transparence. Les subventions devraient être allouées selon des quotas par district et d'autres quotas qui s'appliquent à chaque institution, mais il n'est pas clair comment elles sont déterminées (Banque mondiale 2013). Les décisions relatives à l'attribution des subventions sont prises au niveau de Freetown, avec le ministre de l'Éducation donnant l'approbation finale (Guerrero 2014).

Les diplômés de l'enseignement supérieur travaillent principalement dans des emplois professionnels, techniques et de gestion (61 % des hommes et 67 % des femmes diplômés) en Sierra Leone, et sont moins susceptibles d'être employés dans le secteur agricole que les autres travailleurs ayant un niveau d'instruction inférieur. Cela est particulièrement vrai pour les femmes diplômées de l'enseignement supérieur : si 57 % de la main-d'œuvre féminine, ayant un niveau d'éducation inférieur au niveau tertiaire, travaille dans le secteur agricole, seulement 0,9 % des travailleuses, ayant une qualification tertiaire, sont employées dans ce secteur. De plus, seulement 6 % des femmes sans formation supérieure travaillent à un poste professionnel, technique ou de direction contre 36,5 % des hommes et 67 % des femmes titulaires d'un diplôme d'enseignement supérieur (Banque mondiale 2013).

Cas de l'Ouganda

En 2013, le total des dépenses d'éducation en Ouganda était équivalent à 2,2 % du PIB et la part allouée à l'enseignement supérieur équivalait à environ 0,3 % du PIB. Ces chiffres sont faibles par rapport à ceux observés dans la région et dans d'autres pays en développement. Dans le système éducatif ougandais, les niveaux d'enseignement inférieurs absorbent la majorité des dépenses d'éducation. Même si le pays est parvenu à l'universalité de l'enseignement primaire, avec une croissance démographique d'environ 3,6 % par an et un taux de fécondité de 6,7 enfants par femme, les coûts de l'offre d'éducation au niveau inférieur continueront d'augmenter parallèlement à l'augmentation de la population de jeunes (Nannyonjo, Mulindwa et Usher 2009).

L'accès à l'enseignement supérieur public se fait selon une politique d'admission par deux voies dans le cadre de laquelle le gouvernement prend en charge les coûts de 4 000 étudiants, soit environ un quart du total des inscriptions universitaires. Les étudiants soutenus par le gouvernement fréquentent exclusivement les universités publiques et le gouvernement finance l'ensemble de leurs coûts (frais d'études, logement et pension). Cette pratique est justifiée par le fait qu'elle répond aux besoins de l'économie nationale et prend en compte la question de l'équité dans l'enseignement supérieur. Les étudiants qui ne sont pas parrainés par le gouvernement financent leurs propres études. Quatre-vingt pour cent (80 %) des étudiants de l'Université de Makerere se chargent de leurs frais de scolarité, et cette source de revenus représente plus de la moitié du total des recettes de l'université (Musisi et Muwanga 2003). Chaque faculté fixe les frais de scolarité pour les étudiants admis dans le cadre du programme d'entrée privé, sous réserve d'approbation du Sénat académique et du Conseil de l'Université. Les frais varient selon les facultés, les sciences ayant tendance à faire payer plus que les facultés des sciences humaines. Le Conseil est généralement réticent à approuver des augmentations des frais de scolarité par crainte d'agitations estudiantines.

Le Gouvernement ougandais a déclaré son intention de réduire les inégalités de revenus. En ce qui concerne l'enseignement supérieur, le gouvernement a souligné la nécessité d'élargir l'accès aux étudiants issus de milieux défavorisés (Nannyonjo, Mulindwa et Usher 2009). Malgré cette intention, les 4 000 étudiants admis sur bourses gouvernementales sont disproportionnellement représentatifs des ménages aisés, leurs parents étant plus susceptibles d'avoir payé pour des études dans des écoles secondaires coûteuses où les frais de scolarité peuvent être plus élevés que ceux pratiqués par une université. Dans une perspective d'équité, ce ne sont pas les bons élèves qui reçoivent l'argent public pour suivre des études supérieures. La problématique de l'identification des étudiants brillants mais nécessiteux à admettre dans l'enseignement supérieur reste non résolue (Nannyonjo, Mulindwa et Usher 2009).

Références

Abiose, S. 2008. "Gender Policy for Obafemi Awolowo University." *OAU-Carnegie Gender Equity Initiative Bulletin* 6 (1): 2–3.

Aluede, O., P. O. Idogho, and J. S. Imonikhe. 2012. "Increasing Access to University Education in Nigeria: Present Challenges and Suggestions for the Future." *The African Symposium* 12 (2).

Amburo, A. P. 2011. *Teaching in a Changing Africa: Differential Academic Performance of Students from Academies and Public Primary Schools at KCSE Examination in Kenya*. Narok, Kenya: Narok University College.

Anyan, J. 2011. *Dealing with Higher Education Exclusion in Ghana: Why the Secondary School Factor Matters*. Helsinki: University of Helsinki.

Bailey, Tracy, Nico Cloete, and Pundy Pillay. 2011. "Case Study: Mozambique and Eduardo Mondlane University." Centre for Higher Education Trust, Wynberg, Cape Town.

Bordner, A. T. 2016. "Post-Ebola Challenges for Education in West Africa." World Education News & Reviews, September 8. http://wenr.wes.org/2015/09/post-ebola-challenges-education-west-africa.

Brito, L. 2003. *The Mozambican Experience: Initiating and Sustaining Tertiary Education Reform*. Maputo: Ministry for Higher Education, Science and Technology, Mozambique.

Cloete, N., T. Bailey, P. Pillay, I. Bunting, and P. Maassen. 2011. *Universities and Economic Development in Africa*. Wynberg, South Africa: Centre for Higher Education Transformation (CHET).

DPMF (Development Policy Management Forum). 2012. *Brief Profile of Inequality in Kenya*. from DPMF (accessed December 22, 2014), http://www.dpmf.org/dpmf/index.php?option=com_content&view=article&id=97: a-brief-general-profile-on-inequality-inkenya&catid=43: social-policy-development-and-governance-in-kenya &Itemid=94.

Guerrero, C. 2014. "Higher Education Case Studies: Sierra Leone." The Economist Intelligence Unit, London.

Hall, N., and M. Mambo. 2015. "Financing Education in Malawi: Opportunities for Action: Country Case Study for the Oslo Summit on Education for Development." Education for Development Summit, Oslo, July 6–7.

Jaja, J. M. 2013. "Higher Education in Nigeria: Its Gain, Its Burden." *Global Journal of Human Social Science: Linguistics & Education* 13 (14).

Marcucci, P. N. 2007. "Tuition Policies in a Comparative Perspective: Theoretical and Political Rationales." *Journal of Higher Education Policy and Management* 29 (1): 25–40.

Mário, M., P. Fry, L. Levey, and A. Chilundo. 2003. *Higher Education in Mozambique: A Case Study*. New York: Partnership for Higher Education in Africa.

Morley, L., F. Leach, R. Lugg, E. Bhalalusesa, R. Mwaipopo, L. Dzama Forde, and G. Egbanya. 2007. *Widening Participation in Higher Education in Ghana and Tanzania: Developing an Equity Scorecard*. Brighton: University of Sussex (U.K.) Centre for Higher Education & Equity.

Moti, U. G. 2010. "The Challenges of Access to University Education in Nigeria." *DSM Business Review* 2 (2): 27–56.

Mulongo, G. 2013. "Inequality in Accessing Higher Education in Kenya; Implications for Economic Development and Well-Being." *International Journal of Humanities and Social Science* 3 (16).

Musisi, N., and N. K. Muwanga. 2003. *Makerere University in Transition 1993–2000: Opportunities and Challenges*. New York: Partnership for Higher Education in Africa.

Mwiria, K., and N. Ng'ethe. 2002. "Public University Reform in Kenya: Mapping the Key Changes of the Last Decade." Unpublished research report, Nairobi.

Nannyonjo, Harriet, Innocent Najjumba Mulindwa, and Alex Usher. 2009. *Funding Higher Education in Uganda in an Era of Growth*. Washington, DC: World Bank.

Ngome, C. 2003. "Kenya." In *African Higher Education: An International*, edited by D. Teferra, and P. G. Altbach, 359–71. Bloomington: Indiana University Press.

Nwagwu, C. C. 1997. "The Environment of Crises in the Nigerian Education System." *Comparative Education* 33 (1): 87–95.

Ogbogu, C. 2009. "An Analysis of Female Research Productivity in Nigerian Universities." *Journal of Higher Education Policy and Management* 31 (1): 17–22.

Otieno, W. 2004. "Student Loans in Kenya: Past Experiences, Current Hurdles, and Opportunities for the Future." *JHEA/RESA* 2 (2): 75–99.

World Bank. 2010. *Improving Education and Developing Skills for Economic Growth in Niger*. Washington, DC: World Bank.

———. 2013. *Republic of Burundi Public Expenditure Review: Strengthening Fiscal Resilience to Promote Government Effectiveness*. Washington, DC: World Bank.

———. 2014. *Project Appraisal Document*. Washington, DC: World Bank. http://documents.worldbank.org/curated/en/671631468292230996/pdf/PAD4440PAD0P1324050Box382141B00PUBLIC0.pdf.

———. 2015. *Africa's Pulse*. Washington, DC: World Bank.

ANNEXE

Liste des pays pour lesquels des données d'enquêtes auprès des ménages sont disponibles

Pays	Années disponibles avant la plus récente	Année la plus récente	Population du pays (année la plus récente)	Taille de l'échantillon (année la plus récente)	Titre de l'enquête
Afrique du Sud		2007	52 981 991		National Baseline Household Survey
Angola	2008	2008	21 471 618	12 500	Inquérito as Agregados Familiares Sobre Despesas e Receitas (IDR2), MICS
Burkina Faso	2003	2009	16 934 839	8 404	Enquête intégrale (EICVM)
Cameroun	2001	2007	22 253 959	11 391	Troisième enquête camerounaise auprès des ménages (ECAM3)
Comores	2004	2004	734 917		Enquête intégrale auprès des ménages
Congo, Rép		2011	4 447 632		Questionnaire des Indicateurs de base du bien-être—Enquête d'évaluation et de suivi de la pauvreté (QUIBB2)
Côte d'Ivoire	2002	2008	20 316 086	12 600	Enquête niveau de vie des ménages
Éthiopie	2000, 2004	2005	94 100 756	21 594	Household Income, Consumption, And Expenditure Survey Questionnaire
Gambie		2010	1 849 285		Poverty And Social Impact Analysis (PSIA)
Ghana	1991, 1998, 2005	2013	25 904 598	8 687	Living Standards Survey

Suite du tableau page suivante

Pays	Années disponibles avant la plus récente	Année la plus récente	Population du pays (année la plus récente)	Taille de l'échantillon (année la plus récente)	Titre de l'enquête
Guinée		2012	11 745 189		Enquête légère pour l'évaluation de la pauvreté
Kenya	1997	2005	44 353 691	13 212	Integrated Household Budget Survey (KIHBS)
Lesotho		2011	2 074 465		Lesotho Skills And Employment Survey
Libéria	2007	2007	4 294 077		Enquête périodique auprès des ménages
Madagascar	2010	2010	22 924 851		Integrated Household Survey (III)
Malawi	2004	2010	16 362 567	12 271	Enquête par grappe à indicateurs multiples et de dépenses des ménages (MICS/ELIM)
Mali	2013	2013	15 301 650		Questionnaire unifié des indicateurs de base et de bien-être (QUIBB)
Mauritanie	2008	2008	3 889 880		Household Budget Survey (IOF)
Mozambique	2002	2009	25 833 752	10 813	Enquête nationale sur le budget et la consommation des ménages
Niger	2005, 2007	2011	17 831 270	4 000	Living Standard Surveys (HNLSS)
Nigéria	2004	2010	173 615 345		Enquête intégrale sur les conditions de vie des ménages
Ouganda	2002, 2005, 2009	2010	37 578 876	2 971	Living Conditions Monitoring Survey VI
Rwanda	2000, 2005	2010	11 776 522	6 900	Inquérito Aos Orçamentos Familiares (IOF)
São Tomé-et-Príncipe	2000	2010	192 993		Enquête de suivi de la pauvreté au Sénégal
Sénégal	2001	2005	14 133 280	13 493	Integrated Household Survey (SLIHS)
Sierra Leone	2003	2011	6 092 075		Labor Force Survey (Quarter 3)
Sud Soudan		2009	11 296 173		National Baseline Household Survey
Soudan		2009	37 964 306		National Panel Survey
Tanzanie	2000, 2007	2011	49 253 126	3 922	National Panel Survey
Tchad		2011	12 825 314	9 259	Troisième enquête sur la consommation et le secteur informel (ECOSIT3)
Zambie	2006	2010	14 538 640	19 248	Enquête intégrale (EICVM)

www.ingramcontent.com/pod-product-compliance
Lightning Source LLC
Chambersburg PA
CBHW081831300426
44116CB00014B/2544